Hermann-Josef Berg, Oliver Bock
Der Pfälzer Weinschmecker

Hermann-Josef Berg
Oliver Bock

Der Pfälzer Weinschmecker

Die 40 besten Straußwirtschaften und Gutsschänken

Alle Rechte vorbehalten • Societäts-Verlag
© 2016 Frankfurter Societäts-Medien GmbH
Satz: Julia Desch, Societäts-Verlag
Umschlaggestaltung: Julia Desch, Societäts-Verlag
Umschlagabbildung: © doris oberfrank-list - Fotolia.com
Karten: Peh & Schefcik
Druck und Verarbeitung: CPI books GmbH, Leck
Printed in Germany 2016

ISBN 978-3-95542-196-0

Inhalt

1. Wein beim Winzer
   Die besten Seiten der Pfalz 7

2. Zum Wohl – Die Pfalz 9

3. Die Pfalz ist spitze!
   Weinland der Rekorde und Superlative 11

4. Die Pfalz in Zahlen
   Steckbrief Pfalz – Deutschlands
   zweitgrößtes Anbaugebiet 14

5. Riesling über alles
   Klassische Rebsorten dominieren die Pfalz 16

6. Die Pfälzer „Weinstuben"
   Wie die Winzer zu Wirten wurden 20

7. Weinqualität entscheidet
   So bewertet der Weinschmecker 24

8. Pfälzer Spitzen: die „Top 40"
   a. Mittelhaardt Nord/Deutsche Weinstraße 26
   b. Mittelhaardt Süd/Deutsche Weinstraße 48
   c. Südliche Weinstraße 70

9. Pfälzer Spitzenwein
   Die besten Erzeuger 116

10. Der „Pälzer" an und für sich
Trotz mancher „Krischer"
gelassen und unkompliziert 119

11. Der Saumagen
Nicht nur Helmut Kohl sei Dank 125

12. Anruf ratsam
Ein leidiges Thema: die Öffnungzeiten 132

13. Like & follow
Der Weinschmecker online 134

14. Übersicht
Die ausgewählten Betriebe und
ihre Bewertungen 136

Die Autoren
Hermann-Josef Berg 140
Oliver Bock 142

Bildnachweis 144

1. Wein beim Winzer

Die besten Seiten der Pfalz

Aller guten Dinge sind drei. Mit dem PFÄLZER WEINSCHMECKER halten sie den dritten Band der bewährten und erfolgreichen Weinschmecker-Reihe in den Händen. Alles begann im Jahr 2003 mit dem ersten Führer für den Rheingau, der Weinfreunden nicht nur in überzeugender Weise die besten Straußwirtschaften und Schänken der Region ans Herz legte, sondern sie nachvollziehbar nach Kriterien wie Weinqualität, Speisen und Ambiente bewertete und am Ende eine Gesamtnote vergab. Ein Konzept, das bis heute höchst erfolgreich ist und 2008 auf Deutschlands größtes Anbaugebiet, Rheinhessen, übertragen wurde. Inzwischen liegt der Rheingauer Weinschmecker in der neunten, der Rheinhessische Weinschmecker in der dritten, vollständig aktualisierten Fassung vor. Der Beliebtheit des Weinschmeckers und zahlreichen Wünschen der Freunde des Pfälzer Weins tragen die Autoren nun mit dem vorliegenden Pfälzer Weinschmecker Rechnung.

Wie gewohnt haben die Autoren für die vorliegende Erstausgabe alle Schänken in diesem Führer sorgsam getestet. Die Unterschiede bei der Weinqualität, beim Speisenangebot und beim Ambiente der Weinstuben sind von Betrieb zu Betrieb bedeutend. Nach wie vor hat es seinen besonderen Charme, Wein beim Winzer zu genießen. Die Pfalz bietet hier besonders viele Möglichkeiten. Und jedes Jahr kommen einige hinzu, denn die Direktvermarktung ist ein Schlüssel zum Erfolg, vor allem für das Gros der engagierten Familienbetriebe. Das und die schiere Größe der Region machen den Überblick bisweilen schwierig und die Frage drängend: Wohin in der Pfalz?

Die Antwort hat der „Weinschmecker". Auflistungen von Straußwirtschaften und Gutsschänken gibt es viele. Dieser Führer bewertet sie und trifft eine nachvollziehbare und klar definierte Auswahl. Damit kommt der Weinschmecker wieder dem Wunsch vieler Weinfreunde entgegen, die das Goethe-Wort beherzigen: „Das Leben ist zu kurz, um schlechten Wein zu trinken." Dieser Führer gibt jenen Orientierung, die auf der Suche nach besten Weinen der Pfalz sind und die dazu in angenehmer Atmosphäre eine angemessene kulinarische Begleitung erwarten. Der „Weinschmecker" hat sie für Sie aufgespürt. Sie müssen seiner Einladung nur Folge leisten.

Neustadt an der Weinstraße, im Herbst 2016
Hermann-Josef Berg & Oliver Bock

2. Zum Wohl – Die Pfalz

Unter den deutschen Bundesländern ist Rheinland-Pfalz ein Retortenbaby. Künstlich gezeugt in den Nachwehen des Zweiten Weltkriegs. Ein Land ohne verfasste staatliche Tradition, aber dafür mit traditionsreichen Landstrichen. Dass es die Pfalz (vormals Rheinpfalz) in den Namen des neu gegründeten Bindestrich-Bundeslandes geschafft hat, kommt nicht von ungefähr und ist alles andere als ein Zufall. Die Pfalz ist ein wesentlicher, geschichtsträchtiger Teil dieses Bundeslandes, obwohl sie erst in den Jahren 1815/16 als Folge des Wiener Kongresses ihre heutige geografische Gestalt annahm.

Die Pfalz hat vieles, worauf sie stolz sein kann: Berühmte Forsten wie beispielsweise den Pfälzerwald. Er ist das mit fast 180.000 Hektar Fläche größte zusammen-

hängende Waldgebiet Europas. Berühmte Fußballer wie Fritz Walter und noch einige Weltmeister mehr. Berühmte Europäer wie Helmut Kohl, der die Pfälzer Wesensart in einer wahrlich staatstragenden Rolle verkörperte. Berühmte Speisen wie die Pfälzer Bratkartoffeln und natürlich der Saumagen, mit denen eben jener überzeugte Pfälzer Kohl nicht wenige europäische Staatsmänner vertraut machte. Weck, Worscht und Woi, das war und ist vor allem eine Pfälzer Erfindung, die Ausdruck gelebter Bodenständigkeit ist.

Die Liebe zu Speis und Trank ist wohl nicht zuletzt eine Folge der mehrfachen Phasen unter französischer Besatzung. Den Pfälzern wird zu Recht nachgesagt, sie seien bisweilen direkt und dickköpfig, aber vor allem sind sie aufgeschlossen, neugierig und gesellig. „Pfälzer Gemütlichkeit" ist ein feststehender, äußert positiv belegter Begriff auch außerhalb der Pfalz. Die Pfälzer selbst pflegen einen engen Zusammenhalt, ohne sich deshalb nach außen unnahbar abzuschotten.

Nicht zuletzt aber prägt die Pfalz nach innen und außen ihr Wein. Immerhin stammt aus dieser Region jede dritte Flasche deutschen Weines. Der Beginn des Weinbaus in der fruchtbaren Pfalz lässt sich in die frühe Zeit des ersten Jahrhunderts nach Christus datieren. Wie andernorts in Deutschland waren es die Römer, die in den Flusstälern die ersten Weinberge anlegen ließen. Der Name Pfalz leitet sich von dem römischen Hügel Palatin ab, auf dem in der Antike der Palast des Kaisers stand. Er ist heute vor allem ein Synonym für Gemütlichkeit, für Lebensfreude und Geselligkeit. Und ihre Heimstatt ist die Pfälzer Weinstube – im weitesten Sinne.

3. Die Pfalz ist spitze!

Weinland der Rekorde und Superlative

Die Pfalz ist wahrlich spitze! Sie ist zweifelsfrei Weinland der Rekorde und der Superlative! Zwar ist gemessen an der Rebfläche Rheinhessen Deutschlands größtes Weinland, doch die Pfalz muss sich deshalb nicht grämen. Sie hat mit dem Dürkheimer Wurstmarkt eines der ältesten und zugleich eines der bekanntesten deutschen Weinfeste, das zugleich das wohl größte seiner Art auf der Welt ist. In Bad Dürkheim steht auch das mit einem Fassungsvermögen von 1,7 Millionen Litern größte Weinfass Deutschlands. Es ist allerdings nicht mit Wein gefüllt, sondern regelmäßig mit Besuchern, die dort feiern und genießen wollen. Die Pfalz stellte die erste deutsche Weinkönigin und in der

Pfalz werden ihre Nachfolgerinnen aus ganz Deutschland seither gekrönt. Natürlich hat die Pfalz auch den ältesten Wein der Welt. Die angeblich aus dem dritten Jahrhundert stammende Flasche, die einem römischen Legionär als Begleitschluck ins Grab gelegt worden war, ist im Historischen Museum der Pfalz in Speyer zu sehen. Die Pfalz hat die älteste Weinstraße Deutschlands, den ältesten Weinlehrpfad und mit Neustadt die größte weinbautreibende Gemeinde. Natürlich ist der Neustädter Winzerfestzug der vielleicht größte der Welt. Und natürlich darf vor lauter Rekorden und Kuriositäten eines der ungewöhnlichsten Weingläser nicht übersehen werden: das Dubbeglas; es wird für Wein, aber gerne auch für Schorle, fast überwiegend in der Pfalz verwendet. Wie es sich für ein richtiges Schoppenglas gehört, fasst es einen halben Liter. Das darf durchaus als Hinweis auf die Trinkfestigkeit der Pfälzer verstanden werden. Wer meint, es mit den Einheimischen aufnehmen zu können, bestelle munter einen „Dubbeschoppe".

4. Die Pfalz in Zahlen

Steckbrief Pfalz – Deutschlands zweitgrößtes Anbaugebiet*

Weinbaugemeinden: 144 mit fast 3.000 Betrieben, davon 1.250 im Haupterwerb

Erzeuger: 1.500 selbstvermarktende Weingüter, 13 Winzergenossenschaften und elf Erzeugergemeinschaften

Gesamtfläche Pfalz: 5.450 Quadratkilometer

Einwohner: 1,4 Millionen

Rebfläche (bestockt): 23.500 Hektar

Weinbaubereiche: 2 (Mittelhaardt / Deutsche Weinstraße [mit Zellertal] sowie Südliche Weinstraße)

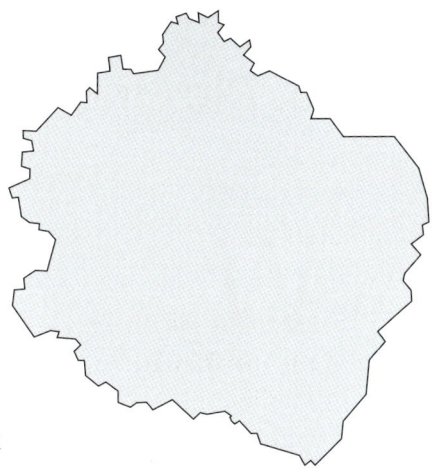

Großlagen: 25 – davon im Bereich Mittelhaardt / Deutsche Weinstraße 16, im Bereich Südliche Weinstraße 9

Einzellagen: 325

Rebstöcke: ca. 100 Millionen

Jahresernte: durchschnittlich 2,4 Millionen Hektoliter – damit kommt jede dritte Flasche deutscher Wein aus der Pfalz

Rebsortenverteilung: 64 Prozent Weißwein, 36 Prozent Rotwein und Rosé

Zugelassene Rebsorten: 120

Meist angebaute Rebsorten: Riesling vor Müller-Thurgau beim Weißwein und Dornfelder vor Spätburgunder und Portugieser beim Rotwein

Beste Jahrgänge (seit 2000): 2001, 2003, 2005, 2009, 2012, 2015

Weinfeste: mehr als 200

*Quelle: Pfalzwein e.V.

5. Riesling über alles

Klassische Rebsorten dominieren die Pfalz

Wer an deutschen Riesling denkt, dem fällt nicht selten an erster Stelle die Mosel ein oder auch der Rheingau, wo sogar 80 Prozent der Rebfläche mit Riesling bestockt sind. Doch das wahre deutsche Rieslingland ist die Pfalz. Auf fast einem Viertel der Weinberge stehen Riesling-Rebstöcke, das ergibt in der Summe mehr als 6.000 Hektar. Ein Pfund, mit dem sich trefflich wuchern lässt, wenn es um die Gunst der Weinfreude geht.

Weißwein dominiert

Trotz der Popularität des Dornfelders und der Vorliebe vieler Weintrinker für Rotwein: Die Pfalz ist und bleibt ein Weißweinland. Auf insgesamt rund 64 Prozent der Rebfläche werden weiße Sorten angebaut. Weit abgeschlagen hinter dem Riesling steht der im Rheingau 1882 gezüchtete Müller-Thurgau. Er wird häufig als trockener, leichter Sommerwein unter dem Synonym „Rivaner" vermarktet. Er ist ein perfekter Schoppenwein, der jung getrunken werden will. Dennoch geht sein Anteil stetig zurück.

Weiße Burgunder im Trend

Hoch in der Gunst der Pfälzer Winzer und ihrer Kunden stehen Grauer Burgunder, Weißer Burgunder und Chardonnay. Diese drei Sorten stehen neben dem Riesling auf der Gewinnerseite im Pfälzer Rebsortenspiegel. Dabei liegt der Grauburgunder mit einem Anteil von 6,3

Prozent an der bestockten Rebfläche knapp vor dem Weißburgunder mit fünf Prozent und dem Chardonnay mit 2,8 Prozent. Eine gewisse Rolle spielen noch Kerner und Silvaner sowie die Scheurebe, die 2016 ihren 100. Geburtstag feierte. Doch alle drei Rebsorten schwinden in der Pfalz an Beliebtheit.

Rotwein verliert

Der Rotweinanteil ist in der Pfalz mit 36,3 Prozent für deutsche Verhältnisse recht hoch, doch er geht zurück. Das liegt weniger an der Präferenz der Weintrinker insgesamt als an der rückläufigen Lust auf die Rebsorten Dornfelder und Blauer Portugieser. Beide werden zunehmend seltener angepflanzt, auch Regent und St. Laurent verlieren an Rebfläche. Klarer Gewinner ist der Spätburgunder, der sich mit einem Anteil von 7,1 Prozent auf den zweiten Rang knapp vor dem Portugieser (6,7 Prozent) gekämpft hat. Der Klimawandel und die deshalb bessere Eignung der Böden für internationale Rebsorten zeigen sich auch am positiven Trend bei Merlot und Cabernet Sauvignon, die als einzige neben dem Spätburgunder derzeit noch zulegen können. Spätburgunder oder auch Pinot Noir gelten als „rote Diva" unter den Rebsorten. Sie stellt hohe Ansprüche, nicht nur an das Terroir, sondern auch an den Winzer. Typisch sind Aromen von Kirsche und Brombeere. Ob der Spätburgunder im kleinen Barriquefass noch an Ausdruckskraft und Qualität gewinnt oder besser im großen Fass heranreift, dies ist vor allem eine Geschmacksfrage.

Symbol für Pfälzer Weingemütlichkeit:
der „Dubbeschoppe"

6. Die Pfälzer „Weinstuben"

Wie die Winzer zu Wirten wurden

n Württemberg ist es die Besenwirtschaft. Im Rheingau und in Rheinhessen die Straußwirtschaft oder
Gutsschänke. Diese beiden Begriffe finden sich prinzi-
piell auch in der Pfalz. Hinzu kommen allerdings Bezeichnungen wie Weinstube, Weinrestaurant, Vinorant
oder „Kostbar" und weitere. Teils hängt dies mit der
häufig anzutreffenden Verpachtung der Gutsgastrono-
mie oder einfach Gründen der Differenzierung gegen-
über Wettbewerbern zusammen.

Doch egal wie letztlich der Ausschank heißt. Die Direktvermarktung gewinnt in allen deutschen Weinanbaugebieten an Bedeutung. Den Wein direkt beim Winzer oder über eine verpachtete Einrichtung zu genießen, das hat stets seinen ganz besonderen Charme. Und Fakt ist: Die Zahl der Straußwirtschaften, Gutsschänken und Weinstuben in der Pfalz ist einer steten Veränderung unterworfen und ihre Zahl kaum zu erfassen.

Seit zwölf Jahrhunderten signalisiert der gebundene Strauß vor dem Haus, dass der Winzer nun bereit ist, seine Privaträume für eine gewisse Zeit mit Gästen zu teilen, um ihnen den selbst angebauten Wein zu kredenzen. Kaiser Karl der Große war es, der es den Winzern vorgemacht hat, denn in seinen auf das Jahr 794 datierten „Kapitularien" (Regeln) verfügte er, dass jedes seiner Weingüter einen Ausschank betreiben und diesen durch Sträuße oder Kränze am Hoftor anzeigen müsse.

Seither bessern viele Winzer ihre Kasse durch einen eigenen Ausschank auf. In der Vergangenheit taten sie dies öfter vor allem nach allzu üppigen Ernten oder miserablen Jahrgängen, wenn der Absatz des dann ebenso miserablen Weins stocken wollte. Straußwirtschaften waren also auch ein wichtiges Ventil, wenn die Keller zu voll waren und die neue Ernte langsam näher rückte. Das ging so weit, dass die Obrigkeit bald Regelungen erließ und die Zahl der Straußwirtschaften begrenzte.

Diese Zeiten sind längst vorbei, doch Regeln gibt es immer noch. Allerdings fallen Straußwirtschaften im Gegensatz zu Gutsschänken unter eine Ausnahmeregelung des rheinland-pfälzischen Gaststättengesetzes. Der Ausschank von selbsterzeugtem Wein ist auf die Dauer von höchstens vier Monaten begrenzt. Diese Zeitspanne

Weindorf Frankweiler an der Südlichen Weinstraße

darf auf zwei Zeiträume, etwa im Frühjahr und vor der Lese im Herbst, verteilt werden. Die Straußwirtschaft bedarf keiner formellen Erlaubnis. Ihr Betrieb muss aber mindestens zwei Wochen vor Eröffnung den Behörden mit Details (Zeitraum, Räume, Weine, Traubenherkunft) angezeigt werden.

Vier Monate genügen jedoch manchmal nicht mehr, um die Schar der Gäste zufriedenzustellen. Der eigene Erfolg macht eine Umwandlung nötig. Dann steht der Gang zur Behörde an, denn ein Gutsausschank oder eine Weinstube unterliegen im Gegensatz zur Straußwirtschaft allen Regeln des Gaststättenrechts. Das bedeutet erhöhte Anforderungen in vielerlei Hinsicht, und die Behörden prüfen solche Betriebe mit einem strengeren Maßstab als eine Straußwirtschaft, die eine „Weinkneipe auf Zeit" ist. Dafür sind die Öffnungszeiten nicht beschränkt, gibt es keine engen Schranken für das kulinarische Angebot. Es dürfen unbegrenzt viele Gäste bewirtschaftet werden, deren Erwartungen an Service und Angebot aber auch häufig höher sind als in einer Straußwirtschaft, der man immer wohlwollend einen „Amateurstatus" zubilligen sollte.

7. Weinqualität entscheidet

So bewertet der Weinschmecker

Dieser Führer listet nicht nur sorgsam ausgewählte und mehrfach getestete Betriebe auf, er bewertet sie auch. Sie sind uneingeschränkt empfehlenswert. Nach Überzeugung der Autoren hat es der Gast hier mit den „Besten der Pfalz" zu tun, wobei nur solche Schänken berücksichtigt werden, die mindestens sechs Wochen im Jahr geöffnet haben.

Eine differenzierte Bewertung soll den Ansprüchen der Leser gerecht werden. Den einen verlangt es vor allem nach einem Spitzenwein, den zweiten nach einer frischen, kreativen Küche, den dritten nach einer besonders gemütlichen Atmosphäre. Weinqualität, Speisen und Ambiente werden deshalb gesondert benotet.

Eine Aufnahme in diesen Führer erreicht nur, wer in jeder Kategorie die Mindestanforderung erfüllt. Die Gesamtnote nimmt auf die doppelt bewertete Qualität des Weins Rücksicht, denn schließlich geht es primär um Weingüter mit angeschlossener Gastronomie. Der Winzer, der ausschenkt, will und muss vorrangig am Ergebnis seiner Arbeit in Weinberg und Keller gemessen werden.

Kriterium: Weinqualität und Weinauswahl

gut – ein rebsortentypischer, reintöniger Pfälzer Tropfen

sehr gut – Wein mit hohem Qualitätsanspruch

außerordentlich – zählt zur Spitze des Gebietes

exzellent – Top-Weine eines Spitzenerzeugers

Kriterium: Speisen

❶ hier steht der Wein klar im Vordergrund

❶❶ zuverlässig und gut in Sortiment und Güte

❶❶❶ besonders pfiffig, lecker, kreativ

❶❶❶❶ für die Feinschmecker unter den Schoppenpetzern

Kriterium: Ambiente

♥ rustikale Pfälzer Gemütlichkeit

♥♥ überdurchschnittlich und mit Liebe zum Detail

♥♥♥ hier steht der Gast so schnell nicht wieder auf

♥♥♥♥ stilvoll und mit besonders viel Atmosphäre

Gesamtbewertung:

✴ uneingeschränkt empfehlenswert

✴✴ überdurchschnittlich für die Pfalz

✴✴✴ eine der Spitzenadressen in der Region

✴✴✴✴ nahe an der Perfektion

Familien willkommen

kinderfreundlicher Betrieb mit Spielgeräten oder genügend Platz zum herumtoben

Fernsicht und Weitblick

Schänke mit besonders schöner Aussicht

8. Pfälzer Spitzen:
die „Top 40"

8 a. Mittelhaardt Nord/
Deutsche Weinstraße

Knipsers Halbstück/Bissersheim ....S. 28
Bockenheimer Weinstube/Bockenheim ....S. 30
Musikantenbuckel Kostbar/Freinsheim ....S. 32
Weinreich/Freinsheim ....S. 34
Weinbar Dietrich/Großkarlbach ....S. 36
Bühler/Kallstadt ....S. 38
Weingut am Nil/Kallstadt .... S. 40
Weisenborn/Kallstadt ....S. 42
Benzinger/Kichheim .... S. 44
Annahof/Weisenheim am Berg .... S. 46

Welche Bezeichnungen auch immer gewählt wurden, es sind für uns Straußwirtschaften oder Gutsschänken mit Wein-Direktvermarktung.

RHEINLAND-

PFALZ

Bubenheim

Kindenheim

Hohen-Sülzen

Bockenheim
an der Weinstraße

Offstein

Heppenheim

Deutsche
Weinstraße

Obrigheim (Pfalz)

Quirnheim

Eisbach

Gr.-Asselheim

Mertesheim

Obersülzen

Dirmstein

Grünstadt

Laumersheim

Gr.-Sausenheim

Kirchheim a. d. Weinstr.

Gerolsheim

Neuleiningen

Großkarlbach

Kleinkarlbach

Battenberg (Pfalz)

Bissersheim

Dackenheim

Bobenheim am Berg

Weisenheim am Sand

Herxheim am Berg

Weisenheim am Berg

Freinsheim

Deutsche
Weinstraße

B.-D. Leistadt

Erpolzheim

Kallstadt

Isenach

Pfalz

Birkenheide

B.-D. Ungstein

650

B.-D. Hardenburg

37

37

Bad Dürkheim

Ellerstadt

0   2 km

© KARTOGRAPHIE Peh/Schefcik Eppelheim

Knipsers Halbstück

Gutsschänke
Weingut Knipser (Laumersheim)

Hollergasse 2   E-Mail: info@halbstueck.de
67281 Bissersheim   Internet: www.halbstueck.de
Telefon: 06359-9459211

Öffnungszeiten:	jeweils montags, donnerstags und freitags ab 17 Uhr, samstags und sonntags ab 12 Uhr
Reservierung:	ja

DAS BESONDERE:
Es gibt hier nicht das Besondere - alles ist hier besonders. „Ein starkes (Halb)Stück Pfalz", titelte eine regionale Gastronomiezeitschrift und traf damit den Nagel auf den Kopf. Das in hellem Holz und dunklen, großformatigen Fliesen mal rustikal, mal modern gehaltene Gebäude ist die Benchmark (die Richtschnur) für gelungene Weingastronomie.

Spitzenwein im Barock-Ensemble

D as denkmalgeschützte Anwesen aus der Barock-zeit ist seit dem Frühsommer 2014 die kulinari-sche Heimstatt eines der renommiertesten deutschen Weingüter. Der Name „Halbstück" ist eine Referenz an das traditionelle, 600 Liter fassende Pfälzer Holzfass. Dieses Fass hat wieder an Bedeutung gewonnen, seit die deutschen Spitzenwinzer sich bewusst sind, dass Edelstahltanks nicht alles sind, wenn es um die Erzeugung komplexer, ausdrucksstarker Weine geht. Die gibt es von Knipser zuhauf, und sie trinken sich vortrefflich in der schönen Schänke des auch für Veranstaltungen gut geeigneten Ensembles. Dazu gibt es auf die Weine sorgsam abgestimmte Speisen, meist regional und saisonal ausgerichtet, aber mit exzellenten Zutaten stets zu einem Geschmackserlebnis verfeinert.

EINZELBEWERTUNG

Wein: 🍾🍾🍾🍾

Speisen: 🍴🍴🍴🍴

Ambiente: ♥♥♥♥

Gesamtbewertung: ★★★★

Bockenheimer Weinstube

Gutsschänke
Weingut Schubing / Pächter: Daniel Hinz

Weinstraße 91
67278 Bockenheim
Telefon: 06359-4090050

E-Mail: info@
bockenheimerweinstube.de
Internet: www.bockenheimer-
weinstube.de

Öffnungszeiten:	Mittwoch bis Samstag: ab 17 Uhr.
	Sonntag: ab 11.30 Uhr
Reservierung:	ja

>>> **DAS BESONDERE:**
Im Inneren fasziniert ein Kreuzgewölbe, außen eine romantische Hofreite (hier können auch Kinder gut verweilen).

Pfälzer Gemütlichkeit vor Rheinhessen-Grenze

Bockenheim, das Nordtor der Deutschen Weinstraße, verliert der vinologische Pfalz-Tourist gerne einmal aus dem Blickfeld. Dabei lohnt sich auch dort jederzeit eine Verkostung. Die „Bockenheimer Weinstube" ist so ein lohnendes Ziel. Inhaber Daniel Hinz ist ein stets aufmerksamer und aufgeschlossener Gastgeber in einer Atmosphäre, die Pfälzer Gemütlichkeit versprüht. Nahezu ausschließlich werden Kreszenzen des ortsansässigen Bio-Weingutes Brand präsentiert. Angeboten werden zahlreiche Weiß- und Rotweinsorten. Alle zu einem vernünftigen Einstiegspreis (ab 3,60 € für 0,25 Liter). Überwiegend prägen typisch Pfälzer Gerichte die Speisekarte. Es lohnt sich aber auch immer der Blick auf die Tagesempfehlungen des Hauses.

EINZELBEWERTUNG

Wein:

Speisen:

Ambiente:

Gesamtbewertung:

Musikantenbuckel Kostbar

Straußwirtschaft
Weingut Kassner-Simon

Am Musikantenbuckel 7
67251 Freinsheim
Telefon: 06353-989320

E-Mail:
info@kassner-simon.de
Internet:
www.kassner-simon.de

Öffnungszeiten:	Ende April bis Mitte Juni und Ende August bis Mitte Oktober. Freitag/Samstag von 18 bis 22 Uhr. Sonntag: 11.30 bis 17 Uhr
Reservierung:	ja

DAS BESONDERE:
Das selbst auferlegte „Persönliche" lässt Gäste (auch die Kleinen, wegen der großen Außenfläche) jederzeit wiederkommen. Ferienwohnungen.

Weit gefehlt: kein Musikantenstadl

Musikantenbuckel" – hinter diesem Wort vermutet man zunächst nicht unbedingt eine Straußwirtschaft. Doch die Assoziation Musikantenstadl (insbesondere bei der Anfahrt im Dunkeln) ist Geistesverwirrung, denn hier handelt es sich um ein blitzsauberes Weingut. Mechthild Kassner und Willi Simon hatten es 1949 gegründet. Nach Jahrzehnten stetigen Wachstums ist nunmehr im Norden Freinsheims ein gelungener Neubau in der Lage Musikantenbuckel entstanden. Mit einer „KostBar", wie sich die Straußwirtschaft auf Neudeutsch nennt. Sie hat den Charakter einer Vinothek, mit großen Fensterflächen zum unmittelbaren Rebzeilen-Blick. Naturholz-marmorierte Tische und braunes Kunstleder laden zum Probieren der ausdrucksstarken, mit verschiedenen Kapseln markierten Liter-, Guts- und Premiumweine ein. Als Begleiter zu guten kalten und warmen Speisen.

EINZELBEWERTUNG

Wein:

Speisen:

Ambiente:

Gesamtbewertung:

Weinreich

Gutsschänke
Inhaberin: Simone Rings / Pächter: Henning Weinheimer

Hauptstraße 25
67251 Freinsheim
Telefon: 06353-9598640

E-Mail:
info@weinstube-weinreich.de
Internet: www.weingut.rings.de
www.weinstube-weinreich.de

Öffnungszeiten:	Dienstag ab 18 Uhr. Mittwoch bis Samstag: 12 bis 14 Uhr und ab 18 Uhr. Sonntag von 12 bis 14 Uhr
Reservierung:	ja

DAS BESONDERE:
Sie müssen nicht die komplette Deutsche Weinstraße abfahren, die Alternative ist eine „Überkopf-Betrachtung". Richtig, Sie schauen im „Weinreich" an die Decke und entdecken den gemalten Verlauf dieser wunderschönen Strecke. Gästezimmer.

1,2 Kilogramm Fleisch zu bestem Wein

Zugegeben, das „Weinreich" passt nicht vollends in unseren Grundsatz, dass hinter der Ausschankaktivität ein Weingut stehen muss. Jedoch: Es befindet sich in einem alten Winzerhaus. Und die Besitzerin, Simone Rings, entstammt dem gleichnamigen, ortsansässigen und deutschen Top-Weingut. Dessen edle Gewächse dominieren auch die Karte. Das „Weinreich" steht für perfekte Harmonie von Speisen und Wein – deshalb ist es Bestandteil dieses Buches. Chefkoch Henning Weinheimer zaubert hier äußerst Schmackhaftes aus Topf und Pfanne. Tolle, auch internationale Gerichte. Nicht zu vergessen: die Spezialität Steaks aus dem Rücken des Charolais-Rindes, fünf Zentimeter dick, wahlweise zwischen 600 und 1200 Gramm schwer. Der Weg zum „Weinreich" ist eine „Visite du goût", eine Tour des Geschmacks.

EINZELBEWERTUNG

Wein: 🍾🍾🍾🍾

Speisen: 🍴🍴🍴🍴

Ambiente: ❤❤❤❤

Gesamtbewertung: ★★★★

Weinbar Dietrich

Gutsausschank
Weingut Dietrich

Am Osterberg
67229 Großkarlbach
Telefon: 06238-2000

E-Mail:
info@weinhof-dietrich.de
Internet:
www.weingut-dietrich.de

Öffnungszeiten: Freitag: 16 bis 22 Uhr. Sonntag: 14 bis 21 Uhr
Reservierung: ja

DAS BESONDERE:
Ein Refugium zum Aktivieren und Auffrischen aller Sinne. Mit vielen Bewegungsmöglichkeiten für Kinder.

Selbstbedienung am Osterberg

E s gibt in der Pfalz viele schöne Aus- und Ansichten – aber diese Stelle zählt zu den besonders schönen: Dietrichs Weinbar. In Großkarlbach auf dem Osterberg gelegen, mit Blick auf die gegenüberliegende Top-Lage Burgweg, wo auch die Dietrichs stets vielversprechende Reben stehen haben. Die Familie hat in dem selbst ernannten „Edelweinort" eine über 400-jährige Tradition. Und was nunmehr die Brüder Arnd und Gerrit mit ihrer „Weinbar" geschaffen haben, unterstreicht die Innovationskraft des Betriebes. Etwas ungewöhnlich für einen Gutsausschank, aber stets einen Besuch wert. Allerdings mit Selbstbedienung. Kleine Speisen (Snacks) lassen sich prima zu den sortentypischen, charakterstarken Weißweinen verkosten – es gibt aber auch gute „Rote".

EINZELBEWERTUNG

Wein:

Speisen:

Ambiente:

Gesamtbewertung:

Bühler

Gutsschänke
Weingut Bühler

Backhausgasse 2
67169 Kallstadt
Telefon: 06322-61261

E-Mail:
weingut@buehler-pfalz.de
Internet:
www.buehler-pfalz.de

Öffnungszeiten:	letztes Februar-Wochenende bis Mitte August und letztes September-Wochenende bis dritten Advent
Reservierung:	nein

DAS BESONDERE:
Erwachsene und Kinder blühen hier auf.

Echte italienische Landhaus-Atmosphäre

Fast könnte man meinen, Weingutchef Werner Bühler sei Botaniker und Innenarchitekt. Im Garten – teils mit einem Sonnensegel überspannt und mit einer kleinen Rebanlage in Form einer Bruchsteinterrasse – stehen riesige Zypressen, ferner Pinien, Palmen, Olivenbäume und eine alles überragende Korkenzieherweide. Vergleiche zu Landhäusern in der Toskana liegen nahe. Drinnen fallen dem Betrachter die schlichte, aber eindrucksvolle Vinothek und zwei weitere unterschiedlich gestaltete Innenräume (inklusive Wintergarten) ins Auge, mit vielen cognacfarbenen Ledersesseln. Ebenfalls überzeugend, das, was aus den rund 18 Hektar Weinbergen kommt. Darunter der Parade-Riesling „Herzstück". 16 Weißweine, zwei Rosé und zehn Rotweine lassen dem Weinfreund eine große Auswahl. Und das Essen? Nicht nur die Tagesempfehlungen erquicken den Gaumen.

Weingut am Nil

Gutsausschank
Weingut am Nil

Neugasse 21
67169 Kallstadt
Telefon: 06322-9563160

E-Mail:
reservierung@weingutamnil.de
Internet:
www.weingutamnil.de

Öffnungszeiten:	Mittwoch bis Freitag: 16 bis 22 Uhr. Samstag: 15 bis 22 Uhr. Sonntag: 12 bis 21 Uhr
Reservierung:	ja

>>> DAS BESONDERE:

Auch wenn der Gast hier etwas tiefer ins Portemonnaie greifen muss, diese Genuss-Investition lohnt sich. „Man gönnt sich ja sonst nichts"... Gästehaus.

Der Nil in der Pfalz?

W as zuerst irritierend klingt, hat einen realen Bezug: „Nil" heißt eine kleine Parzelle in der eher bekannten Top-Weinlage „Kallstadter Saumagen". Es war eine Namensänderung, welche die neuen Investoren (Dr. Ana und Reinfried Pohl) nach der Übernahme des früheren, unter Eduard Schuster firmierenden Weingutes im September 2010 vornahmen. Mit dem Geld der zweiten Generation aus dem Hause Deutsche Vermögensberatung, ein großer deutscher Finanzbetrieb, kam frischer Wind in das Anwesen. Der Gutsausschank, Vinothek genannt, erweckt den Eindruck einer „Weinkathedrale", geradezu ein Langschiff mit Bruchsteinwänden und großen, grauen Stahlträgern – der Raum erstrahlt in violettem Licht. Ein Kleinod! Mit Rieslingen und Burgundern, die ansprechend sind. Ebenso, was Küchenchef Tobias Heberle und seine Mitstreiter bieten: zweifelsfrei gehobene Küche.

EINZELBEWERTUNG

Wein: 🍾🍾🍾

Speisen: 🍴🍴🍴🍴

Ambiente: ❤❤❤❤

Gesamtbewertung: ✦✦✦

Weisenborn

Straußwirtschaft
Weingut H. und B. Weisenborn

Freinsheimer Straße 41
67169 Kallstadt
Telefon: 06322-8930

E-Mail: weingut-
weisenborn@t-online.de
Internet:
www.weingut-weisenborn.de

Öffnungszeiten: Mitte März bis Anfang Juni, Mitte September bis 2. Advent: Mittwoch bis Freitag ab 15 Uhr, Samstag, Sonntag und Feiertag ab 12 Uhr. Zusätzlich: erstes September-Wochenende (Freitag bis Montag) sowie 2. und 3. September-Wochenende (Samstag/Sonntag)

Reservierung: ja.

DAS BESONDERE:
Weisenborns sind ein echter Familienbetrieb; die Kinder sind mit eingebunden. Von diesem Flair und der stets appetitanregenden Regionalküche lebt dieser typische Pfälzer Ort der Gemütlichkeit.

So manche Sau wird hier durchs (W)Ort getrieben

So stellen sich sicherlich viele Weinfreunde und Wanderer die Pfalz vor: eine rustikale Weinstube (im Sommer mit einem heiligen Innenhof) mit leckerem Essen und trinkbaren Weinen zu einem günstigen Preis. Zu dieser Spezies gehört die Straußwirtschaft Weisenborn. Hier sitzen sie zusammen, die Touristen und Pfälzer, beäugen einander, witzeln, lästern, politisieren und verbreiten Lebensweisheiten wie „Der Trog bleibt der Gleiche, nur die Sau ist eine andere." Flüchtlinge, der FCK, Merkel und Kohl – alles wird hier diskutiert. Dazu eignen sich Bernd Weisenborns Weine trefflich. Deutliche Ruhe kehrt indessen ein, wenn Anja Weisenborn und Schwiegermutter Ruth auftischt: zum Beispiel Grumbeersupp un Quetschekuche, Saumagensalat oder Sauerbraten mit hausgemachten Knödeln. Dann schwebt Pälzer und allgemeine Glückseligkeit über dem alten Sandstein-Winzerhaus.

EINZELBEWERTUNG

Wein:

Speisen:

Ambiente:

Gesamtbewertung:

Benzinger

Gutsschänke

Weingut Benzinger / Pächter: Eric Lederle

Weinstraße Nord 24
67281 Kirchheim
Telefon: 06359-205060

E-Mail:
restaurant-benzinger@gmx.de
Internet:
www.restaurant-benzinger.de
www.weingut-benzinger.de

Öffnungszeiten: Montag, Dienstag und Freitag: 18 bis 23 Uhr.
                  Samstag/Sonntag: 12 bis 23 Uhr
Reservierung: ja

DAS BESONDERE:
Ein wunderschöner, 400 Jahre alter Innenhof.

Rindfleisch-Ikone in noblem Ambiete

D ie vielgepriesene Harmonie zwischen Wein und Speisen – hier ist sie omnipräsent. Benzinger-Weine sind jedem versierten Bacchanten ein Begriff – sie haben ihren Platz im Gault & Millau, Eichelmann und Falstaff. Für Aufsehen sorgten sie jüngst mit ihrem Naturwein „Orange de Pinot". Seit November 2015 setzt Restaurant-Pächter Eric Lederle einen weiteren Glanzpunkt. Das Interieur ist einladend: edel, aber einfach, kein Schnickschnack. Irgendwie erinnert das Ganze an das „gute alte Sonntagswohnzimmer". Aber die Küche ist eine gänzlich andere: kreativ, variantenreich, lecker ohne Ende. Eine besondere Delikatesse: 1824 Premium Beef. Diese preisgekrönte Rindfleisch-Ikone aus Australien ist ein Geschmackserlebnis allererster Güte, leider auch beim Preis.

EINZELBEWERTUNG

Wein: 🍾🍾🍾

Speisen: 🍴🍴🍴🍴

Ambiente: ♥♥♥♥

Gesamtbewertung: ✹✹✹

Annahof

Gutsschänke

Weingut Georg Messer / Inh. Anna B. Plutta

Hauptstraße 47
67273 Weisenheim am Berg
Telefon: 06353-989426

E-Mail:
service@weingut-messer.de
Internet:
www.weingut-messer.de
www. annahof-pfalz.de

Öffnungszeiten:	von April bis Oktober. Täglich von 12 bis 22 Uhr. Ruhetag: Dienstag
Reservierung:	ja

DAS BESONDERE:
Hier können Kinder wunderbar Verstecksspielen.

Ars Vivendi in Toskana-Ambiente

Kennen Sie dieses Gefühl? Sie kommen irgendwohin und fühlen sich gleich wohl. So ergeht es Ihnen im „Annahof". Sei es wegen des toskanisch anmutenden Innenhofes, im Sommer mit seinen Zypressen, Oleandern, Zitronenbäumen und Palmen. Oder wegen der „Candlelight"-Scheune mit ihren schweren Holztischen, großen Kerzenleuchtern und anderen zahlreichen Kunstgegenständen. Mit diesem Kleinod erfüllte sich Anna B. Plutta einen langgehegten Traum: ein Weingut mit Restauration. Und sie hauchte dieser gut 250 Jahre alten Stätte neues, modernes Leben ein. Der kanadische Koch Sergei Tome versteht sein Handwerk, offeriert Regionales (wie den „Schiefen Sack" oder Crème brûlée mit Leberwurst) und Fleisch vom Lavastein-Grill. Zum Weinsortiment gehören Rieslinge, die Burgundersorten, Sauvignon Blanc und diverse Rotwein-Cuvées.

EINZELBEWERTUNG

Wein:

Speisen:

Ambiente:

Gesamtbewertung:

8 b. Mittelhaardt Süd/ Deutsche Weinstraße

Hönigsäckel/Bad-Dürkheim-Ungstein .... S. 50

fumi/Deidesheim .... S. 52

Siben's Gutsküche/Deidesheim .... S. 54

Leopold/Deidesheim .... S. 56

Zum Alten Spital/Deidesheim .... S. 58

Spindler/Forst .... S. 60

Kutscherhaus/Gimmeldingen .... S. 62

Petri/Herxheim am Berg .... S. 64

Hofgut Ruppertsberg/Ruppertsberg .... S. 66

Welche Bezeichnungen auch immer gewählt wurden, es sind für uns Straußwirtschaften oder Gutsschänken mit Wein-Direktvermarktung.

Dackenheim

Bobenheim am Berg

271

Weisenheim am Sand

Herxheim am Berg

Weisenheim am Berg

Deutsche
Weinstraße

Freinsheim

B.-D. Leistadt

Kallstadt

Erpolzheim

Isenach

Bad Dürkheim-
Ungstein

Birkenheide

650

B.-D. Hardenburg

37

37

Ellerstadt

Bad Dürkheim

Pfalz

Friedelsheim

Schwabenbach

Gönnheim

Wachenheim
an der Weinstraße

RHEINLAND-

271

Rödersheim-Gronau

Forst a. d. Weinstr.

Niederkirchen bei Deidesheim

Deidesheim

Meckenheim

Ruppertsberg

PFALZ

Deutsche
Weinstraße

N.-Königsbach

65

Neustadt-
Gimmeldingen

N.-Haardt

N.-Mußbach

38

Rehbach

0   2 km

Neustadt
an der Weinstraße

Haßloch

© KARTOGRAPHIE Pehl/Schefcik Eppelheim

Pfälzerwald

Haardt

Honigsäckel

Gutsschänke
Weingut Wolf / Pächter: Jan Kiy

Weinstraße 82
67098 Bad Dürkheim-
Ungstein
Telefon: 06322-8691

E-Mail:
kontakt@honigsaeckel.de
Internet: www.honigsaeckel.de,
www.weingut-wolf.de

Öffnungszeiten:	Mittwoch bis Samstag von 17 bis 23 Uhr. Sonn- und Feiertage von 11 bis 23 Uhr
Reservierung:	ja

DAS BESONDERE:
Auch wenn es optisch als Biergarten-Atmosphäre charakterisiert werden könnte, der „Honigsäckel" hat einen ganz eigenen Charme – zum Weintrinken.

Genießen in Gottes Edelwein-Paradies

Honigsäckel – dies ist eine bekannte Ungsteiner Großlage, wo auch das Weingut Wolf Rebflächen besitzt. Die Geisenheim-Absolventen Marta und Michael Wolf drücken dem 1791 gegründeten Betrieb heute ihren Stempel auf. In der verpachteten „Guts-schänke" schwingt jedoch ein anderer das Zepter: Jan Kiy. Seine und die Freundlichkeit seines Teams ist einladend. Der weitgehend überdachte Innenhof (Wintergarten-Atmosphäre) ist das Paradestück. Die Illumination am späten Abend lässt Gemütlichkeit aufkommen. Jetzt ist die Zeit, um etwa die „Best of Wolf"-Gewächse nacheinander oder parallel zu probieren. Nunmehr bestätigt die Zunge, warum die Mittelhaardt als „Gottes eigener Garten" gilt, als Paradies für Edelweine. Die „Hönig-säckel"-Küche begleitet mit vielfältigen Gerichten. Aber warum muss man Spargel in Balsamico ertränken?

EINZELBEWERTUNG

Wein: 🍾

Speisen: 🍴🍴

Ambiente: ❤❤❤

Gesamtbewertung: ✦

fumi

Gutsschänke
Weingut Josef Biffar

Im Katharinenbild 1
67146 Deidesheim
Telefon: 06326-700120

E-Mail: info@josef.biffar.de
Internet: www.josef-biffar.de

Öffnungszeiten:	Mittwoch bis Freitag von 18 bis 22 Uhr. Samstag, Sonntag und Feiertage von 12 bis 14 Uhr und 18 bis 22 Uhr
Reservierung:	ja

>>> **DAS BESONDERE:**
Die imposante Innen- und Außenarchitektur, die eine Harmonie von Körper und Geist begünstigt. Spitzensekte.

Einmal „fumi", immer „fumi"

Kaum zu glauben: eine japanische „Gutsschänke" mitten in der Pfalz. „fumi" heißt das Mekka derer, die japanische Küche lieben oder entdecken und dabei Top-Rieslinge, -Burgunder, -Chardonnay und -Sauvignon Blanc genießen wollen. Namensgeberin ist Fumiko Tokuoka, einst Önologie/Kellerwirtschaft-Studentin in Geisenheim, heute leitet sie das von ihrer Familie 2013 übernommene Weingut Josef Biffar – unterstützt von Kellermeister Michael Leibrecht. Wer im „fumi" einen der hohen Holztische eingenommen hat, darf nicht nur klasse Weine, sondern insbesondere kreative, leichte Gerichte japanischen Ursprungs erwarten, teils mit Pfälzer Ingredienzien. Küchenchef Takamitsu Kakikta ist ein Meister seines Faches. Allerhöchster Genuss garantiert, in einem überwältigenden Ambiente – aber auch nicht ganz billig.

EINZELBEWERTUNG

Wein: 🍾🍾🍾

Speisen: 🍴🍴🍴🍴

Ambiente: ♥♥♥♥

Gesamtbewertung: ★★★

Siben's Gutsküche

Gutsausschank
Weingut Georg Siben Erben

Weinstraße 21
67146 Deidesheim
Telefon: 06326-989363

E-Mail: info@weingut-siben.de
Internet: www.weingut-siben.de

Öffnungszeiten:	Dienstag bis Samstag ab 18 Uhr; samstags auch von 12 bis 14 Uhr. Sonntag und Feiertage ab 12 Uhr
Reservierung:	ja

DAS BESONDERE:
Auch wenn am Gebäude des VDP Pfalz-Gründungsmitgliedes etwas der Zahn der Zeit nagt, hier lässt sich pfälzische Wein- und Esskultur auf hohem Niveau erleben.

Ein Ort mit Geschichte und Geschmack

Eine über 300-jährige Weintradition verpflichtet – dies weiß Inhaber und Kellermeister Andreas Siben (zehnte Familiengeneration) nur zu gut. Doch war es von Kindesbeinen an sein Wunsch, das Erbe seiner Vorfahren anzutreten. Die Sibens stammen aus den Niederlanden, kamen nach dem pfälzischen Erbfolgekrieg (1689) in die zerstörte Pfalz und halfen am Wiederaufbau mit. Das Weingut nahm 1710 seinen Betrieb auf. Wer in dem wunderschönen Innenhof steht oder in dem 170 Jahre alten Kreuzgewölbe (ehemaliger Pferdestall), mit seinen imposanten Sandsteinsäulen, an einem der langen Holztische Platz genommen hat, spürt die geschichtliche Dimension. Geschmacklich Freude kommt auf, wenn „Siben's Gutsküche" die jahreszeitlich wechselnden Gerichte serviert, anspruchsvoll zubereitet. Die Bio-Weine (Spezialität: Rieslinge) runden dieses Gourmet-Erlebnis ab.

EINZELBEWERTUNG

Wein:

Speisen:

Ambiente: ❤❤❤

Gesamtbewertung:

Leopold

Gutsschänke
Weingut von Winning

Weinstraße 10
67146 Deidesheim
Telefon: 06326-9668888

E-Mail:
leopold@von-winning.de
Internet: www.von-winning.de

Öffnungszeiten:	Montag bis Freitag von 11.30 Uhr bis 14 Uhr und ab 18 Uhr. Samstag, Sonntag und Feiertage ab 11.30 Uhr (durchgehend)
Reservierung:	ja

DAS BESONDERE:

Das „Leopold" - benannt nach einem Mitbegründer des Weingutes von Winning - ist stets einen Besuch wert. Weiterer Schnuppertipp: das Hoffest am zweiten/dritten August-Wochenende.

Noblesse oblige – Leopold hat's drauf

Weingut von Winning, vorher Weingut Dr. Dein-hard – das klingt schon nach pfälzischem Wein-adel, auch wenn hinter dem vereinigten Famili-enunternehmen die Pfälzer Investorengruppe Niederberger steht. Ob es nun ein Konzeptweingut ist oder nicht, von Geschäftsführer Stephan hat die Branche gelernt: vor allem den Ausbau der Großen Gewächse einzig im Holz und nicht im Edelstahl. Schon das Betreten des Geländes – mit seinen Gebäuden aus rotem und gelbem Buntsandstein sowie der herrliche Innenhof – lässt Großes in Wein und Speisen erwarten. Der Ort dafür heißt „Leopold". Einst Pferdestall, heute eine Gutsschänke, zugegeben eine edle. Interieur, Speisen und Wein sind eine Synthese von Augen- und Gaumenschmaus. Die Kreationen der Küchenchefs Michael Paul und Christian Meier sind Spitzenklasse – die Rieslinge sowieso, aber auch der Sauvignon Blanc.

EINZELBEWERTUNG

Wein: 🍾🍾🍾🍾

Speisen: 🍴🍴🍴🍴

Ambiente: ❤❤❤❤

Gesamtbewertung: ★★★★

Zum Alten Spital

Gutsausschank
Weingut Acham-Magin

Weinstraße 42
67146 Deidesheim
Telefon: 0632-315

E-Mail: info@acham-magin.de
Internet: www.acham-magin.de
www.zumaltenspital.de

Öffnungszeiten:	Donnerstag/Freitag ab 17 Uhr, Samstag/Sonntag ab 12 Uhr
Reservierung:	ja.

DAS BESONDERE:

Während sich der Gutsausschank in Deidesheim befindet, domiziliert das Weingut im unweit entfernten Forst. Überwiegend fruchtige Rieslinge (auch vom Pechstein = Basalt), nachhaltige Spätburgunder aus Deidesheimer/Forster Toplagen. VDP Pfalz-Gründungsmitglied (1908).

Wanderung zwischen zwei genussreichen „Welten"

Das barocke Anwesen in Forst (mit seinem Sandstein-Gewölbekeller aus dem 18. Jahrhundert) wurde 1711 von Heinrich Wilhelm Rebstock erbaut. Ein Jahr später eröffnete der Winzer das „Wirtshaus Zum Engel". Rebstock hatte schon das Prinzip der Direktvermarktung verinnerlicht. Über Vererbungen gelangte das Weingut in den Besitz der Familie Acham-Magin. So artikuliert die heutige Inhaberin und Kellermeisterin, Anna-Barbara Magin, nicht ohne Stolz, auf über 300 Jahre Gutsausschank rückblicken zu können. In Forst befindet sich heute jedoch eher eine romantische Probierstube (mit Kleinigkeiten zum Essen). Der eigentliche Gutsausschank in Deidesheim zählt mit seinem blumengeschmückten Innenhof zu den idyllischsten Plätzen dieses Ortes. Betreiber Vinzenz Troesch bietet Pfälzer Gerichte auf anspruchsvollem Niveau. Acham-Magins Weine sind dazu ideale Geschmacksbegleiter.

EINZELBEWERTUNG

Wein: 🍷🍷🍷

Speisen: 🍴🍴

Ambiente: ❤❤❤

Gesamtbewertung: ★★

Spindler

Gutsausschank
Weingut Spindler

Weinstraße 44
67147 Forst
Telefon: 06326-5850

E-Mail: info@
gutsausschank-spindler.de
Internet: www.gutsausschank-
spindler.de
www.weingutheinrichspindler.de

Öffnungszeiten: Dienstag bis Samstag vom 11.30 bis 21.30 Uhr
Reservierung: ja

DAS BESONDERE:
Trotz hervorragender Qualität der Weine und Speisen überzeugt Spindlers Gutsausschank in gleicher Weise durch ein ausgewogenes Preis-/Leistungsverhältnis.

Wo man nicht genug bekommt

W as für ein Garten! Reblauben und ein alter Baumbestand spenden Schatten. Die grüne Idylle, inklusive Vogelgezwitscher, inspiriert. Flieder und Rosen duften – sorgen für inneres Gleichgewicht, machen aber auch Hunger. Der Duft aus der Küche durchzieht die quadratischen Anlage. Was auch immer serviert wird, es ist frisch, lecker, appetitanregend. Mit saisonalen Speisekarten. Hier bleibt kein Genießerwunsch offen. Jetzt zunächst ein „Weinkarussell" (mit einer Auswahl) bestellen. Dann sich völlig auf die faszinierenden Rieslinge von Markus Spindler konzentrieren. An dem Tag dürfte es eigentlich nichts zu kritisieren geben … Ein anspruchsvoller Gutsriesling für 3,50 Euro (0,25 Liter) – Weintrinker, was willst Du mehr? Und 4,40 Euro für einen charakterstarken Spätburgunder – also bitte, die Kirche bleibt hier im Dorf. Und erfahren sind die Gastgeber auch – seit 1933 werden Gäste vorzüglich bedient.

EINZELBEWERTUNG

Wein:

Speisen:

Ambiente:

Gesamtbewertung:

Kutscherhaus

Gutsschänke
Weingut Mugler / Pächter: Corinna & Andreas Ullrich

Peter-Koch-Straße 47
67435 Neustadt a.d.
Weinstraße-Gimmeldingen
Telefon: 06321-5771838

E-Mail: team@kutscher-haus.de
Internet: www.kutscher-haus.de,
www.weingut-mugler.de

Öffnungszeiten: täglich ab 17 Uhr geöffnet. Sonntag/Feiertage: 11.30
bis 14.30 Uhr
Reservierung: ja

DAS BESONDERE:
Während die Innenräume eher die alte Wirtshaus-Atmosphäre
widerspiegeln, dürfte eine Reservierung im pfälzisches Ambiente ver-
mittelnden Innenhof zu einem unvergesslichen Abend im Mandelblü-
tenfest-Ort Gimmeldingen beitragen.

Nein, nicht nur ein Dank an „LuLu"

D on't Wanna Fight No More." Ich will nicht mehr kämpfen, nicht mehr. Es ist ein Song der schottischen Pop-Sängerin LuLu. Damit hat die „Lulu" aus dem Kutscherhaus mitnichten etwas zu tun. Es ist der Spitzname von Corinna Ullrich – durchaus passend, denn die Dame des Hauses ist quirlig und mit ihrem „Mannemer Platt" sehr unterhaltsam. Ihr Mann, Andreas, hat sich mit der Übernahme dieser Gutsschänke den Traum von der Selbstständigkeit verwirklicht. Gleichwohl ist er im VDP Pfalz-Weingut Mugler kein Unbekannter: Er kocht schon seit 20 Jahren dort. Seine Küche in dem schmucken Sandstein-Wirtshaus (1773 erbaut, 1978 grundlegend saniert) darf als typisch regional mit persönlichen Akzenten beurteilt werden. Dazu passen natürlich die (für den Weingourmet) unverkennbaren Gewächse von Susanna und Gerd Mugler perfekt.

EINZELBEWERTUNG

Wein: 🍷🍷🍷

Speisen: 🍴🍴🍴

Ambiente: ♥♥♥

Gesamtbewertung: ★★★

Petri

Gutsschänke
Weingut Petri / Pächter: Margit & Volker Kuntz

Weinstraße 79
67273 Herxheim am Berg
Telefon: 06353-2092

E-Mail: gutsausschank@
weingut-petri.de
Internet: www.weingut-petri.de

Öffnungszeiten:	täglich von 12 bis 14 Uhr und ab 17 Uhr. Sonntag und Feiertage ab 12 Uhr (durchgehend)
Reservierung:	ja

>>> DAS BESONDERE:
Ideal gelegen und organisiert, um mittags einzukehren oder dies erst nach einem Spaziergang am Nachmittag zu tun. Der Terrassenhof ist wirklich ein Ort der Entspannung – auch für Kinder.

Wie im Frankfurter Palmengarten chillen

Ein in der Tat ungewöhnlicher Gutsausschank: Wer das Glashaus betritt, fühlt sich im ersten Moment wie im Frankfurter Palmengarten. Südländische, teils exotische Pflanzen (wie Malven) und Bäume bestimmen das optische Erscheinungsbild drinnen wie draußen. Hier lässt's sich aushalten. Volker Kuntz und seine Frau Margit (geb. Petri) sind um das Wohlbehagen bemühte Gastgeber. Die Autonummern auf dem Parkplatz verraten Gäste aus weit und fern. Die Speisekarte bietet viele begehrte Standards aus der Pfalz (vor allem die leckeren Rumpsteaks) und darüber hinaus. Wöchentlich gibt es eine neue „Empfehlungskarte". Diese kulinarische Seite ergänzt die große Weinauswahl. Weingutsbesitzer Gerd Petri besitzt gute Lagen (zum Beispiel Kallstadter Saumagen und Herxheimer Honigsack). Sie spiegeln sich primär in den gelbfruchtigen Rieslingen wider.

EINZELBEWERTUNG

Wein:

Speisen:

Ambiente:

Gesamtbewertung:

Hofgut Ruppertsberg

Gutsschänke
Weingut Dr. Bürklin Wolf

Obergasse 2
67152 Ruppertsberg
Telefon: 06326-982097

E-Mail: info@dashofgut.com
Internet: www.dashofgut.com

Öffnungszeiten:	Montag, Donnerstag und Freitag ab 18 Uhr. Samstag und Sonntag ab 12 Uhr. Hinweise auf kurzfristige Änderungen auf der Homepage
Reservierung:	ja

DAS BESONDERE:

Seien es freilaufende Hühner als Kinder-Attraktion oder Teehaus und Kräutergarten für die Erwachsenen, das Hofgut Ruppertsberg ist eine echte, natürliche Erlebniswelt.

Ökologisch & raffiniert

Wie recht der griechische Naturphilosoph Demokrit doch hatte: „Die Wahrheit soll man sagen und dabei nicht viel Worte machen!" Folglich erübrigt sich eine lange Hommage auf das Weingut Dr. Bürklin-Wolf – es ist eine Top-Adresse für trockene deutsche Rieslinge; seit Jahrzehnten. Naheliegend, dass sich ein solches Vorzeigeunternehmen auch auf kulinarischem Gebiet mit hohen Qualitätsansprüchen präsentiert. Nicht anders lässt sich das Treiben auf dem Hofgut Ruppertsberg treffend kurz beschreiben. Wo einst Pferde und Kühe weilten, tafeln heute Feinschmecker (und solche, die es werden wollen), um die Naturküche von Jean-Philippe Aiguier zu genießen. Alles, was auf den Tisch kommt, hat bemerkenswerte Raffinesse und ökologische Sensibilität. Schon die Lektüre der Speise- und Weinkarte kitzelt den Gaumen. Mehr muss man wirklich nicht sagen …

EINZELBEWERTUNG

Wein:

Speisen:

Ambiente:

Gesamtbewertung:

Weinlage Kastanienbusch in Birkweiler

8 c. Südliche Weinstraße

Dicker-Doll/Birkweiler .... S. 72

Kern/Böchingen .... S. 74

St. Annagut/Burrweiler .... S. 76

Das Esszimmer/Burrweiler .... S. 78

Brunnenstube/Edesheim .... S. 80

Weinbar Müller/Venningen .... S. 82

Vogler/Heuchelheim-Klingen .... S. 84

Bauer's Stuben/Venningen .... S. 86

Weinlaube/Kirrweiler .... S. 88

Zöller/Kirrweiler .... S. 90

Wineroute 66/Klingenmünster .... S. 92

Weinnest/Landau-Wollmesheim .... S. 94

Schunck/Leinsweiler .... S. 96

Zum Kirchhölzel/Leinsweiler .... S. 98

Fritz Walter/Niederhorbach .... S. 100

Mühlhäuser/Niederhorbach .... S. 102

Fleischmann-Krieger/Rhodt .... S. 104

Leiling/Schweigen .... S. 106

Johanneshof/Siebeldingen .... S. 108

Gernert/St. Martin .... S. 110

Glaser/St. Martin .... S. 112

Welche Bezeichnungen auch immer gewählt wurden, es sind für uns Straußwirtschaften oder Gutsschänken mit Wein-Direktvermarktung.

Dicker-Doll

Straußwirtschaft
Weingut Dicker-Doll

Hauptstraße 35
76831 Birkweiler
Telefon: 06345-3220

E-Mail: achim.doll@t-online.de
Internet: www.weingut-dicker-doll.de

Öffnungszeiten:	Anfang September bis Ende Oktober. Samstag ab 15.30 Uhr. Sonntag und Feiertage ab 14 Uhr
Reservierung:	ja

>>> **DAS BESONDERE:**
Ende Mai eines jeden Jahres findet ein Hof- und Gartenfest statt. Nicht nur dann haben Kinder viel Auslauf.

Wenn Namen Irrtum verbreiten

Dicker Doll – vergisst man den Bindestrich, klingt es wie ein Kinderbuch-Titel oder assoziiert einen dicken Wirt. Weit gefehlt, der richtig geschriebene Weingutsname spiegelt Familienverhältnisse wider (das muss reichen). Martina und Achim Doll bewirtschaften das 18 Hektar große Weingut mit Rebflächen unter anderem in den bekannten Birkweiler Lagen Kastanienbusch und Mandelberg. Bereits seit 1916 wird über die Flasche vermarktet; Gründer Konrad Dicker begann 1855 mit Fasswein-Lieferungen. Ganz im Sinne der Direktvermarktung steht die Straußwirtschaft. Dort sind die Gewächse verkostbar, bei einer breiten Sortenvielfalt. Mit einer bodenständigen, weitgehend pfälzischen Küche. Majestätisch geht es an dieser Stätte zu, wenn Tochter Lara in Erscheinung tritt – die Weinprinzessin Landau-Land 2015/2016, mit ihrer herzerfrischenden südpfälzischen Mundart.

EINZELBEWERTUNG

Wein:

Speisen:

Ambiente:

Gesamtbewertung:

Kern

Straußwirtschaft
Weingut Lothar Kern

Hauptstraße 17
70833 Böchingen
Telefon: 06341-63461

E-Mail:
info@weingut-kern.com
Internet:
www.weingut-kern.com

Öffnungszeiten:	von Ostern bis Pfingsten: Freitag/Samstag ab 17 Uhr. Im Herbst (September/Oktober): Freitag, Samstag, Sonntag ab 17 Uhr
Reservierung:	ja

DAS BESONDERE:
Fragen Sie bitte mal nach der nächsten „Bibel-Weinprobe"! Kinder-Spielecke vorhanden. Edelbrände.

Bereits aller Ehren wert

H inter alten Mauern tut sich eben bisweilen mehr als man denkt. Dies bestätigte sich auch bei diesem Weingut. Hier ist noch nicht alles durchgestylt, aber schon die anmutende Vinothek zeigt wohl den künftigen Weg. Zumal die erzeugten Gewächse – gegliedert in Tradition, Privat Edition und Privat Réserve – bereits aller Ehren wert sind, mit einem irren Preis-/Leistungsverhältnis. Daran hat Sohn Michael einen nicht unwesentlichen Anteil. Er ist Mitglied der Initiative „Junge Südpfalz". Sie richtet jährlich einen Wettbewerb für Jungwinzer aus. Kern jun. gehört bereits zu den 20 besten „Weinmachern". Weitere Auszeichnungen wie „Entdeckung des Jahres" oder „Internationaler Grauburgunder-Preis" belegen sein Talent. Davon kann man sich am besten in der einfachen Straußwirtschaft – mit ihrem bodenständigen Speisenangebot – überzeugen.

EINZELBEWERTUNG

Wein: 🍾🍾

Speisen: 🍴🍴

Ambiente: ❤

Gesamtbewertung: ★★

St. Annagut

Gutsschänke
Weingut Lergenmüller

St-Anna-Straße 203
76835 Burrweiler
Telefon: 06345-3258

E-Mail:
info@sankt-annagut.com
Internet: www.lergenmüller.de,
www.sankt-annagut.com

Öffnungszeiten:	Mittwoch bis Samstag von 15 bis 21 Uhr. Samstag, Sonntag und Feiertage von 12 bis 21 Uhr
Reservierung:	ja

DAS BESONDERE:
Nicht nur der Blick von der „Sankt Annagut"-Terrasse ist herrlich – auch eine Visite im dortigen (auffällig kleinen) Gewölbekeller lohnt sich. Er ist der höchstgelegene in der Pfalz, wo viele Wein-Spezialitäten lagern. Mehrere Gästezimmer.

Immer einen Abstecher „mit Sünden" wert

Wer als der größte Weinbaubetrieb Deutschlands gilt (rund 200 Hektar), darf auch schon mal „abheben". So zog es die Familie Lergenmüller bereits vor Jahren auf 355 Meter über den Meeresspiegel. Hinauf zu Sankt Annaberg. Nicht nur das höchstgelegene Weingut der Pfalz, sondern wohl auch der schönste Flecken dieses Landstrichs. Der Blick von diesem Berg am Rande des Pfälzer Waldes über die Rheinebene ist gigantisch. Nachzuvollziehen, dass sich Napoleons Offiziere auch hier aufhielten. Nun hat hier die vielversprechende Jungwinzerin Victoria Lergenmüller das Kommando. Sankt-Annaberg-Weine sind etwas Besonderes – wie sich beispielsweise an den Rieslingen „Terrassenlage" und „Burrweiler Schäwer" (Schiefer) unschwer schmecken lässt. Immer wieder Begeisterung löst Küchenchef Alexander Dellin mit seinen „Koch-Interpretationen" aus.

EINZELBEWERTUNG

Wein:

Speisen:

Ambiente:

Gesamtbewertung:

Das Esszimmer

Gutsschänke

Weingut Herbert Meßmer / Pächter: Silke Müller & Thomas Manthey

Weinstraße 6a
76835 Burrweiler
Telefon: 06353-989426

E-Mail: info@
esszimmer-ritterhof.de
Internet:
www.esszimmer-ritterhof.de,
www.weingut-messmer.de

Öffnungszeiten:	sonntags immer ab 17 Uhr. März bis Oktober: Donnerstag bis Dienstag ab 18 Uhr. November bis Februar: Freitag bis Montag ab 18 Uhr
Reservierung:	ja

DAS BESONDERE:

Alleine das Herumschlendern auf dem Gelände des über 250 Jahre alten Gutes namens „Ritterhof" weckt alle Sinne - und dazu der Ausblick Richtung Landau! Direkt nebenan befindet sich Meßmers Vinothek.

Italienische Frischeküche der Extraklasse

st er das – der ultimative Ort des Lukullus in der Pfalz? Dies möge jeder Gast selbst entscheiden. Eine Stätte des Hochgenusses ist es allemal. Thomas Manthey schickt geradezu himmlische, fast ausschließlich italienische Küchengrüße in den flachen, zurückhaltend mit Deckenbalken durchzogenen Gastraum. Sein Motto: Cucina con amore e passione – Kochen mit Liebe und Leidenschaft. Allein die Antipasto mit diversen Dips und Focaccia könnte zum vollständigen Abendbegleiter werden. Es sind Kunstwerke, die Partnerin Silke Müller serviert. Und die haben eben ihren Preis – jedoch ohne Reue. Die ideale Ergänzung sind die Gewächse des Weingutes Meßmer. „Geboren" auf Schiefer, Granit, Muschelkalk, Buntsandstein und Löss. Weltklasse! Man kann sich gut vorstellen, dass der römische Feldherr Lucullus hier gerne getafelt hätte.

EINZELBEWERTUNG

Wein: 🍾🍾🍾🍾

Speisen: 🍴🍴🍴🍴

Ambiente: ❤❤❤❤

Gesamtbewertung: ★★★★

Brunnenstube

Gutsausschank
Weingut Werner Anselmann

Staatsstraße 58-60
67481 Edesheim
Telefon: 06323-941221

E-Mail:
info@weingut-anselmann.de
Internet:
www.weingut-anselmann.de

Öffnungszeiten:	Mai bis Oktober. Montag bis Samstag von 8.30 bis 20.30 Uhr. Sonntag von 9 bis 20.30 Uhr
Reservierung:	ja

DAS BESONDERE:
Das Treiben in Anselmanns weitläufigem Garten wirkt stets wie ein Hoffest. Aber die Lauben-Atmosphäre bietet viel mehr: beispielsweise freitagabends Paella oder sonntags von 10 bis 14 Uhr Frühstücksbüffet. Und zwölf verschiedene Flammkuchen.

Den „Botschafter Pfälzer Weines" kennenlernen

Edesheim ist – vinologisch gesehen – zwar nicht der Nabel der Welt, aber das Weingut Anselmann erweckt den Anschein, in aller Welt unterwegs zu sein. Sei es bei Olympia, den Paralympics, in TV-Shows, beim Ball des Sports oder der Wahl zum Sportler des Jahres. Gutes Marketing, was der „Botschafter Pfälzer Weines" praktiziert. Dieser Erfolg/Verdienst basiert sicherlich auch auf Preisen, die erschwinglich sind. Allein der Blick in die Weinkarte der „Brunnenterrasse" – so wird der Gutsausschank genannt – belegt dies. Einstiegspreise von 2,60 Euro für 0,25 Liter Riesling oder 2,80 Euro für einen Spätburgunder sind sensationell. Sage und schreibe 154 Weine und 21 Sekte/Seccos gibt es. Aus 35 weißen und roten Rebsorten, nationale wie internationale. 38 Gewächse befinden sich im Ausschank, der Rest ist als Flaschen erhältlich. Wahnsinn!

EINZELBEWERTUNG

Wein: 🍾🍾

Speisen: 🍴🍴

Ambiente: ❤❤❤

Gesamtbewertung: ★★

Weinbar Müller

Gutsausschank
Weingut Müller

Zum Kunststück 2
76833 Frankweiler
Telefon: 06345-953663

E-Mail: info@weingut-m.de
Internet: www.weingut-m.de

Öffnungszeiten:	Donnerstag Ruhetag. Ansonsten täglich von 12 bis 22 Uhr. Info über Änderungen auf der Homepage
Reservierung:	ja

 **DAS BESONDERE:**
Selbstbedienung

Eine „Weinbar" fast mitten im Weinberg

Ehrlich gesagt, hier regieren vor allem an Wochenenden die Kinder. Holz-Hängebrücke, Trampolin oder die schnell erkannte „Bobbycar"-Abfahrtsstrecke laden förmlich ein. Aber auch die Kleinsten der Kleinen haben ihre Rechte – und Kinderlärm ist noch lange kein Fluglärm ... Vor allem der traumhafte Blick dieser so genannten „Weinbar" entschädigt. Ulrike und Andreas Müller haben sich 2011 am westlichen Ortsrand dieses Gebäude mit Vinothek-Charakter geschaffen. Teils große Tische in Schiefer-Optik und Korbgeflecht-Sitzmöglichkeiten dominieren das Erscheinungsbild auf der zweiseitigen Terrasse. Die angebotenen fast 40 Weine (Empfehlung: die „Edition Kunststück") sind nach EU-Biorichtlinien ausgebaut, mit PIWIs (pilzwiderstandsfähigen Rebsorten). Zu essen gibt's Snacks, Salate und Flammkuchen in 17 Varianten.

EINZELBEWERTUNG

Wein: 🍾

Speisen: 🍴

Ambiente: ❤❤

Gesamtbewertung: ✦

Vogler

Gutsausschank
Weingut Matthias und Barbara Vogler

Hauptstraße 75
76831 Heuchelheim-Klingen
Telefon: 06349-6351

E-Mail:
weingut@weingut-vogler.de
Internet:
www.weingut-vogler.de

Öffnungszeiten:	Februar bis Juli und September bis Dezember: Freitag und Samstag ab 17 Uhr
Reservierung:	ja

DAS BESONDERE:
Gästehaus wenige Meter entfernt. Jährlich Schlacht- und Hoffest sowie das „Weinpanorama" (mit mehreren Winzern im Weinberg) – aktuelle Termine der Homepage entnehmen.

Selbst keinen Flügelschlag mehr entfernt

Bei Voglers heißt die große Klammer: Familie. Folglich geht's dort auch sehr familiär zu. Sei es in der (zwar nüchternen, aber keineswegs unwirtlichen) Weinstube oder im Gemütlichkeit verbreitenden (leider zu kleinen) Innenhof. Ob in Keller oder Küche, hier ist dieses unternehmerische Prinzip unumstößlich: Qualität steht an erste Stelle! In diesem Bewusstsein baut Matthias Vogler seine Weine aus. 40 Prozent des Rebsortenspiegels entfällt auf Dornfelder, Portugieser und Spätburgunder. Doch auch der Riesling, insbesondere aus der Edition „Flügelschlag", braucht sich nicht zu verstecken. Und was Barbara Vogler aus der Küche bringt, schmeckt nach mehr. Vorwiegend kalte Speisen, aber auch Warmes, wie die gefragten Rump- und Winzersteaks. Den Segen von „Oma Brigitte" und „Opa Günter" (Metzgermeister) besitzen sie allemal.

EINZELBEWERTUNG

Wein:

Speisen:

Ambiente:

Gesamtbewertung:

Bauer's Stuben

Gutsschänke
Weinhaus Bauer

Altdorfer Straße 3
67482 Venningen
Telefon: 06323-2734

E-Mail:
gutshof-bauer@online.de
Internet:
www.gutshof-bauer.de

Öffnungszeiten: März bis Juli. Donnerstag bis Sonntag ab 12 Uhr
Reservierung: ja

DAS BESONDERE:
In „Bauer's Stuben" ließe sich stundenlang verweilen - ein Ort
fürs Dolce Vita, vielleicht genauer: fürs Dolce Gusto. Mit Ferienwohnung
(Villa Toskana).

Kulinarische Lust in fünf „Sphären"

Venningen – hier denkt der passionierte „Vinologe" gleich an das renommierte Weinessiggut Doktorenhof. Eine ebenfalls hohe Reputation genießen „Bauer's Stuben". Die Schänke des Weinhauses Bauer überzeugt in mehrfacher Hinsicht. Zum einen sind Christin Bauer und Carina Noll-Bauer hervorragende Gastgeber. Zum anderen existieren einladende Räumlichkeiten: der urgemütliche Gewölbekeller im Sand- und Backstein-Look, ein historisch anmutender separater Wirtsraum und der Wintergarten als moderne Komponente. Hinzu kommes der wahrlich verträumte Innenhof und der malerisch angelegte Sommergarten. Bei den Weinen gefallen Riesling und Weißburgunder. Schade, dass die Bauers ihre Rebfläche aufwandbedingt reduzieren wollen. Keine Abstriche sollten sie indessen bei der hervorragenden Küche machen.

EINZELBEWERTUNG

Wein: 🍾🍾

Speisen: 🍴🍴🍴

Ambiente: ❤️❤️❤️❤️

Gesamtbewertung: ⭐⭐⭐

Weinlaube

Gutsausschank
Weingut Raabe

Hauptstraße 110
67489 Kirrweiler
Telefon: 06323-2117

E-Mail:
info@weingut-raabe.de
Internet:
www.weingut-raabe.de

Öffnungszeiten:	Anfang März bis Weihnachten: täglich ab 11.30 Uhr. Dienstag Ruhetag
Reservierung:	ja

DAS BESONDERE:
Ein idealer Rastplatz für ruhe- und entspannungssuchende Ausflügler und Radfahrer. Ein besonders anspruchsvoller Übernachtungsort ist „Raabes Chalet" in St. Martin.

Wahl zwischen Trubel und Ruhe

R aabes sind „Doppeltäter". Sie betreiben zwei Gutsschänken: den „Alten Gutshof" in St. Martin und die „Weinlaube" im rund zehn Kilometer entfernten Kirrweiler. Lebhafter geht es am Stammsitz zu – St. Martin ist eben ein Touristenmagnet. In der Emserstraße 4 wird seit 1420 Weinbau betrieben; seit 1900 besitzen es zunächst die Rieths (Urgroßvater), dann die Raabes. Der ruhigere Ort ist die Stätte im Rebenmeer rund um Kirrweiler. Mit seinem schönen Innenhof und einer bodenständigen Speiseauswahl zu vernünftigen Preisen. Herr im gemeinsamen Keller ist Joachim Raabe. Interessant: Er unterscheidet sein Angebot in „Domus" (vollmundige, kräftig-elegante Prädikatsweine), „Nobilis" (spritzig, fruchtbetont; gibt es aber nicht nur im Schatten der gleichnamigen Edeltanne…) und „Optimus" (trocken, feinherb, mild).

EINZELBEWERTUNG

Wein:

Speisen:

Ambiente: ♥♥

Gesamtbewertung: ★★

Zöller

Gutsausschank
Weinhaus Hermann Zöller

Marktstraße 16
67489 Kirrweiler
Telefon: 06321-58287
oder -5550

E-Mail: zoeller@
weinhaus-zoeller.de
Internet:
www.weinhaus-zoeller.de

Öffnungszeiten: Freitag und Samstag ab 17 Uhr. Sonntag ab 16 Uhr
Reservierung: ja

DAS BESONDERE:
Einfach ein liebenswerter Ort der Herzlich- und Gemütlichkeit.
Jährliches „Kellerhaus-Fest". Ferienhaus.

Warum die Wahl contra Klöckner ausging

I n diesem Haus wurde exakt eine Woche nach der Landtagswahl 2016 in Rheinland-Pfalz ein Grund angegeben, den bislang noch kein Wahlforscher auf der Rechnung hatte. O-Ton (Name der Redaktion bekannt): „In dem Moment, wu se abgenumme katt hodd, hoddse die Wahl verlohre!" Rückfrage: Warum? „Weil ab dem Moment alle Fraae neidisch worre sin!" So einfach geht Wahlanalyse ... Eine süße Anekdote. Sie belegt nur, dass bei Zöllers das Herz auf die Zunge gelangt – ewwe pälzisch! Gleichwohl dürfte in diesem Gutsausschank des Öfteren politisiert werden. Ob bei den Weißen oder Roten (Weinen), die Stahltank- und Holzfass-Gewächse von Thomas Zöller „inspirieren", bei wirklich günstigen Einstiegspreisen. Auch die „Küchenprodukte" können sich sehenlassen, nicht zuletzt Oma Inges hausgemachte Leberknödel.

EINZELBEWERTUNG

Wein:

Speisen:

Ambiente:

Gesamtbewertung:

Wineroute 66

Gutsausschank
Weingut Mathis

Weinstraße 66
76889 Klingenmünster
Telefon: 06349-1786
E-Mail: info@wineroute66.de

Internet:
www.wineroute66.de,
www.mathisweine.de

Öffnungszeiten:	Montag, Mittwoch, Donnerstag und Freitag: ab 17 Uhr. Samstag und Sonntag: ab 12 Uhr. Im Februar immer „Betriebsurlaub"
Reservierung:	ja

⟩⟩ DAS BESONDERE:

Das „Route 66" ist auch für gutes Essen bekannt. Langjährige Spezialitäten: in Rotwein geschmortes Königskotelett, Bauernbratwurst mit Apfelmeerretisch. Dazu eine „Königsschorle" (Wein-Anteil: 80 Prozent).

Gastfreundschaft, Hintersinn und Neckerei

Wenn Trauben zwinkern könnten, hier würden sie es tun." Der Einstiegstext auf der Homepage. Zurückhaltung – nein, das ist nicht Sache der Familie Mathis. Aber Bodenständigkeit schon. Liebe zum Wein und der Pfalz. Gleichwohl ist Senior Wilfried Mathis ein „Menschenfänger", der die Menschen in seiner „Sansibar" (zur Sylter hat er Kontakte) zu unterhalten weiß. Weil seine Weinstube an der Deutschen Weinstraße liegt, heißt sie – passend zur Hausnummer – „Route 66". Ein irrer Typ, aber auch ein Weltenbummler und gebildet. Von Geburt an ist er Banat-Rumäne – der ab und zu vorbeischauende, frühere Handballstar „Hansi" Schmidt zählt zur Verwandtschaft. Das „Route 66" ist urig, kultig und familiär. Sohn Jakob betreibt es inzwischen, vom Typ her sein Vater. Die Weine erfreuen sich – auch in der Fachwelt – zunehmender Beliebtheit.

EINZELBEWERTUNG

Wein: 🍾🍾

Speisen: 🍴🍴🍴

Ambiente: ❤❤❤

Gesamtbewertung: ★★

Weinnest

Gutsausschank
Weingut Dirk Vögeli

Am Neuberg 48
76829 Landau-Wollmesheim
Telefon: 06341-32792

E-Mail:
info@weingut-voegeli.de
Internet:
www.weingut-voegeli.de

Öffnungszeiten: Freitag von 17 bis 23 Uhr. Samstag von 14 bis 23 Uhr.
                                 Sonntag und Feiertage von 11 bis 23 Uhr

Reservierung: ja

DAS BESONDERE:
Feinfruchtige Weißweine, samtige Rotweine, prickelnde Winzer-
sekte, spritzige Seccos, feine Edelbrände – alles „an Bord". 50 Sitzplät-
ze. Planwagenfahrten und Rebsortenwanderungen.

Wenn's Vögeli ruft...

Es war nicht nur sein Traum, sondern auch der seines Vaters: ein neues Weingut inmitten Wollmersheimer Reben. Walter Vögeli hat es nicht mehr erlebt. Doch was Sohn Dirk und Ehefrau Christel auf die Beine gestellt und Ende Juli 2015 in Betrieb genommen haben, hätte ihn mit Stolz erfüllt. Es ist ein Millionenprojekt, eingebettet in die Topologie der Landschaft. (Multi-)Funktional, aber auch ästhetisch in der Architektur. Mit einem traumhaften Blick – von der Terrasse aus – unter anderem auf das Hambacher Schloss. Das „Weinnest" ist integriert in den Komplex mit Vinothek, Tagungsräumen, Gästezimmern und Anlieferung/Produktion/Versand. Vögelis Weine sind „Charakterköpfe", gegliedert nach dem VDP-System. Zwei Jungköche stellen mit verfeinerten Pfälzer und anderen (auch vegetarischen) Gerichten ihr großes Können unter Beweis.

EINZELBEWERTUNG

Wein:

Speisen:

Ambiente:

Gesamtbewertung:

Schunck

Gutsausschank
Weingut Schunk

Trifelsstraße 3
76829 Leinsweiler
Telefon: 06345-1697

E-Mail: info@
weinrestaurant-schunck.de
Internet: www.weinrestau-
rant-schunck.de,
www.weingut-schunck.de

Öffnungszeiten:	Mittwoch Ruhetag. Ansonsten täglich ab 17 Uhr ge-öffnet
Reservierung:	ja

DAS BESONDERE:
Ein echter Geheimtipp! Nicht zu vergessen: die komfortablen Übernachtungsmöglichkeiten im Gästehaus und in den zwei Ferienwohnungen.

Gastgeber-Leidenschaft hat einen Namen

Aus einer kleinen Weinprobierstube heraus hat sich alles entwickelt. Ein florierendes, von Rainer Schunck geführtes Weingut – teils mit Weinbezeichnungen, die Analogien zu den Entwicklungsstadien der Trauben darstellen: es.61 (Blütenbeginn), es.65 (Vollblüte) und es.89 (Lese-Reife). Es sind überzeugende Basis-, Exklusiv- und Premiumweine. Terroirgeprägt, nahezu alles trocken ausgebaut. Sie lassen sich in der schicken Schänke („Weinrestaurant"), in der von Holz dominierten Weinscheune oder im kleinen, aber lichtdurchfluteten Innenhof voller Genuss verkosten. Küchenchef Tobias Fink lässt keine Wünsche des Gastes offen, glänzt mit kreativen Regional- und mediterranen Gerichten. Top! Gabi Schunk und Tochter Kerstin organisieren den Service und vieles drumherum – eben ein echter, leidenschaftlicher Familienbetrieb, dem sich auch Sohn Marco nicht entziehen kann.

EINZELBEWERTUNG

Wein: ▮▮▮

Speisen: ◖◗◖◗◖◗◖◗

Ambiente: ♥♥♥♥

Gesamtbewertung: ★★★

Zum Kirchhölzel

Gutsausschank
Wein- und Sektgut G. Stübinger

Trifelsstraße 8
76829 Leinsweiler
Telefon: 06345-2847

E-Mail: info@stuebinger.com
Internet:
www.stuebinger.com

Öffnungszeiten:	Donnerstag bis Samstag ab 17 Uhr. Sonntag und Feiertage ab 12 Uhr
Reservierung:	ja

DAS BESONDERE:
Jährliches Hoffest (Termin auf Homepage suchen). Zwei Ferienwohnungen.

Wohlfühlen in stilvollem Ambiente

Wow, was für ein schicker Gewölbekeller. Mit edlem weißen Sandstein. Mit Blaugrau und mit Gelb bemalten Mittelbogen. Mit Wein-Bildern dekorierte Wände. „Zur Kirchhölzel" nennen Ulrike und Gunter Stübinger ihre wunderschöne Weinstube. Apropos: Stübinger gibt es in Leinsweiler mehrere, aber nur einen in der Trifelsstraße. Die angebauten Rebsorten in alten Weinbergslagen sind überwiegend Klassiker wie Riesling und die Burgundersorten. Aber auch das Probieren eines Gelben Muskatellers oder Gewürztraminers lohnt sich, bei insgesamt „sehr zivilen Preisen". Wobei die Sekte, Edelbrände und Liköre auch nicht zu verachten sind. Zuvor sollten Sie Ihre Bestellung aus der regionaltypischen Gutsküche erhalten haben. Etwa einen „Weinstraßenspieß" (mit verschiedenen Fleischsorten) und – zum Dessert – ein Mandelparfait; die Auswahl ist reichlich.

EINZELBEWERTUNG

Wein: 🍾🍾

Speisen: 🍴🍴

Ambiente: ❤❤❤

Gesamtbewertung: ★★

Fritz Walter

Gutsausschank
Weingut Fritz Walter

Landauer Straße 82
76889 Niederhorbach
Telefon: 06343-936550

E-Mail: info@fritz-walter.de
Internet: www.fritz-walter.de

Öffnungszeiten:	Dienstag bis Freitag ab 17 Uhr. Samstag, Sonntag und Feiertage ab 11 Uhr
Reservierung:	ja

DAS BESONDERE:
    Ein wirklich schickes Weinhotel. Und ein Weinshop, der allerhand Flüssiges und Süßes bietet.

Von wegen Namen sind Schall und Rauch

Was für ein wohlklingender Name: Fritz Walter. Nein, das gleichnamige Weingut kann weder eine Verwandtschaft mit dem berühmten Fußballer vorzeigen, noch einen entsprechenden Eintrag ins Gästebuch. Aber der Weingutsgründer (1832) hieß eben Fritz Walter. Die Namensparallelität wird den heutigen Besitzern, Christine und Eckard Walter, allerdings auch nicht zum Nachteil gereichen … Analog zum Spitzenfußball des 1954er WM-Kapitäns, erzeugen die Walters Spitzenweine. Unterteilt in Basis, Gelesen, Erlesen, Auserlesen und Eckardt Walter Premium gehen sie auch in den Export. Wohl aber nicht die Flaschen mit dem Etikett „Rääwehääsl" (Rebholzbündel), einer interessanten Cuveè aus weißen, roten und Rosé-Weinen. Eine Verkostung in der edlen Weinstube oder im idyllischen Innenhof wird mit einer zeitgemäßen Landküche optimal ergänzt.

EINZELBEWERTUNG

Wein: 🍾🍾

Speisen: 🍴🍴🍴

Ambiente: ❤️❤️❤️

Gesamtbewertung: ⭐⭐

Mühlhäuser

Gutsausschank
Weingut Mühlhäuser

Hauptstraße 50-51
76889 Niederhorbach
E-Mail: info@
winzerhof-muehlhaeuser.de

Internet: www.winzerhof-
muehlhaeuser.de

Öffnungszeiten:	Freitag bis Sonntag ab 17 Uhr. Immer am zweiten Wochenende jedes Monats geschlossen
Reservierung:	ja

DAS BESONDERE:

In kühleren Jahreszeiten lädt ein uraltes „Tonnengewölbe" von 1722 zum Verweilen in rustikalen Möbeln ein, die aus den Dauben (Längshölzer von Eichenfässern) hergestellt wurden. Ebenfalls faszinierend: ein behaglicher Holzofen. Kulturveranstaltungen. Gästehaus.

Wiedervereint zum Hort der Glückseligkeit

Die Teilung ist Geschichte. In Deutschland seit 1990 – bei Mühlhäusers in Niederhorbach seit 1997. Der 1850 errichtete Winzerhof war viele Jahrzehnte ein Streitobjekt, der große Innenhof durchzogen von einer Mauer. Mühlhäusers gab es in der Hauptstraße 50 und 51, mit zwei getrennten Eingangstoren. Der jetzige Besitzer der Gesamtfläche, Bernd Mühlhäuser, erzählt die selbst erlebte irrsinnige Geschichte gerne. Es wäre auch eine Schande gewesen, diese von Buntsandstein und Fachwerk dominierte Hofreite separiert zu lassen. So können sich die Gäste dort heute laben – Pfälzer Wein, Gerichte und Gemütlichkeit genießen. Probieren Sie mal die Dampfnudeln mit Weinschaum und Vanillesoße, einen flambierten Flammkuchen oder ein beschwipstes Schnitzel! Zwei „Weinkarussells" stehen zur Querschnittsprobe der zahlreichen Rebsorten zur Verfügung.

EINZELBEWERTUNG

Wein: 🍾

Speisen: 🍴🍴

Ambiente: 🖤🖤🖤

Gesamtbewertung: ★

Fleischmann-Krieger

Gutsschänke
Weingut Fleischmann-Krieger

Theresienstraße 22
76835 Rhodt
Telefon: 06323-81372

E-Mail:
info@fleischmann-krieger.de
Internet:
www.fleischmann-krieger.de

Öffnungszeiten: Geschlossen: Januar und die ersten drei August-
                    wochen. Ansonsten: Donnerstag und Freitag ab 17
                    Uhr, Samstag und Sonntag ab 11.30 Uhr. Zusätzlich
                    im September/Oktober: Dienstag und Mittwoch ab
                    11.30 Uhr
Reservierung: ja

» » DAS BESONDERE:
Die Lage des Weingutes, in der kopfsteingepflasterten Theresienstraße, hat eine „königliche Geschichte" - recherchieren Sie mal!
Im Übrigen steht in Rhodt der weltweit älteste noch tragende Weinberg
mit über 300-jährigen Gewürztraminer-Reben.

Wo sich Heimat authentisch schmecken lässt

Vinorant" nennen sie ihr Kleinod. Zu Recht. Denn dieses Kunstwort beschreibt treffend die Passion zum Wein einerseits sowie die Liebe zur guten Küche und zur Gastfreundschaft andererseits. Beim Interieur und der Dekoration des überaus wirtlichen Gastraumes setzt Angelika Fleischmann-Krieger die Akzente, verzichtet auf Schnickschnack und frönt der Gedeck-Kultur. Und was von der Küche geboten wird, ist ohne Ende appetitanregend. Favorit bei den Gästen sind Spaghetti all'amatricana, sehr gekonnt zubereitet. Ein Hammer auch der Antipastiteller und die Rumpsteaks. Und spätestens jetzt kommt Winzermeister und Naturmensch Harald Fleischmann ins Spiel. Ob Riesling, Weiß-, Grau- oder Spätburgunder – alles charakterstarke Weine. Ein Besuch bei Fleischmann-Krieger ist ein harmonisches Gesamtkonzert.

EINZELBEWERTUNG

Wein: ▮▮▮

Speisen: 🍴🍴🍴

Ambiente: ♥♥♥♥

Gesamtbewertung: ★★★

Leiling

Gutsausschank
Weingut Herbert Leiling

Hauptstraße 3
76889 Schweigen
Telefon: 06342-7039

E-Mail:
post@weingutleiling.de
Internet:
www.weingutleiling.de

Öffnungszeiten: Donnerstag ab 17 Uhr. Freitag bis Sonntag und
                         Feiertage ab 12 Uhr
Reservierung: ja

»»» DAS BESONDERE:

Zweifelsfrei ein Ort zum Schlemmen und Träumen. Jetzt vielleicht noch ein Ausflug ins benachbarte französische, beschauliche Wissembourg? Kinder müssen in Leilings Garten keine „Tischhaltung" befürchten ...

Wo D'Artagnan hereinstürmen könnte

I n Schweigen befindet sich bekanntlich das Südtor der Deutschen Weinstraße. Und quasi in unmittelbarer Nachbarschaft des neoklassizistischen Bauwerkes domiziliert das Weingut Leiling. Der wunderschöne Garten assoziiert adelige Vergangenheit. Die geschmackvoll eingerichtete Schänke erst recht. Der in Form eines gekonterten L angelegte Gastraum wäre eine ideale Kulisse für eine Neuauflage des 1974 gedrehten Abenteuerfilmes „Die drei Musketiere" nach dem Roman von Alexandre Dumas. Beeindruckende Atmosphäre, beeindruckende Weine. Kellermeister David Leiling weiß um seine besonderen Kalksteinböden im Elsass – und kreiert daraus Spitzen-Rieslinge und -Spätburgunder. Die unverkennbar französisch angehauchte Küche ist das i-Tüpfelchen der Gastfreundschaft.

EINZELBEWERTUNG

Wein:

Speisen:

Ambiente:

Gesamtbewertung:

Johanneshof

Gutsausschank
Weingut Dr. Steiner

Johanneshof
76833 Siebeldingen
Telefon: 06345-3664

E-Mail:
info@weingut-dr-steiner.de
Internet: www.eventlocation-
suedpfalz.de,
www.weingut-dr-steiner.de

Öffnungszeiten:	April bis Oktober: Donnerstag bis Samstag von 14 bis 22 Uhr, Sonntag und Feiertage von 12 bis 22 Uhr. November bis März: Donnerstag, Freitag, Samstag von 17 bis 22 Uhr, Sonntag und Feiertage von 12 bis 22 Uhr
Reservierung:	ja

>>> **DAS BESONDERE:**
Selbstbedienung. Das Treiben und Ambiente ist zwar nicht jedermanns Sache, aber die landschaftliche Einbettung ruft nach Wiederkehr.

„Willkommen auf der Südseite des Lebens"

Dieser Werbeslogan von Dr. Steiners Johanneshof klingt zwar übertrieben, ist es aber nicht. Wahrlich ein schöner Ort! Auf einer Anhöhe zwischen Siebeldingen und Albersweiler gelegen. Mit einem 180-Grad-Panoramablick auf das Zentrum der Pfalz-Toskana. Quatsch, so sieht die Südpfalz eben aus … Ein schier unendlicher Garten steht den Gästen zur Verfügung. Schon am Eingang begrüßt eine imposante Weinpresse aus dem Jahr 1686 – sozusagen ein stiller Zeuge der fast ebenso alten Familiengeschichte. Auch wenn die beliebte Ausflugsstätte an Wochenenden etwas zu wimmelig wird, so ist sie jedoch stets einen Besuch wert. Wenn Terrasse und Garten übervölkert sind, lässt sich auch ins Innere mit der sogenannten „Südseite-Weinbar" ausweichen. Die Weinauswahl ist riesig. Und, oh Überraschung: Die Speisekarte kommt fast ohne Pfälzer Gerichte aus.

EINZELBEWERTUNG

Wein:

Speisen:

Ambiente:

Gesamtbewertung:

Gernert

Gutsausschank
Weingut Gernert

Maikammerer Straße 39
67487 St. Martin
Telefon: 06323-2794

E-Mail:
info@weingut-gernert.de
Internet:
www.weingut-gernert.de

Öffnungszeiten:	Donnerstag bis Dienstag ab 11.30 Uhr
Reservierung:	ja

DAS BESONDERE:
Auf der gegenüberliegenden Straßenseite ist von Juli bis Oktober eine kleine Straußwirtschaft geöffnet, versteckt hinter drei Holzfässern. Spitze: Gernerts Landhotel.

Labsal für Körper, Geist und Seele

Die Kommune selbst sagt, sie sei „eines der schönsten Dörfer Deutschlands". Zustimmung! Und der Wein erweist sich in der Gemeinde am Ostabhang der Haardt als omnipräsent. Am östlichen Ortsausgang befindet sich das Weingut Gernert mit dem dazugehörigen „Barrique Gewölbe". Entweder auf der sehr schönen Terrasse oder im atmosphärischen Gewölbekeller des im 18. Jahrhundert errichteten Herrenhauses bietet sich Labsal für Körper, Geist und Seele an. Besonders empfehlenswert sind die als „Besondere Genüsse" und „Charismatische Verführer" gekennzeichneten Weine. Der langjährige Küchenchef Dietmar Pusha empfiehlt dazu die passenden Schmankerl aus seiner Regionalküche. Oder bestellen Sie direkt einen Flammkuchen mit Blutwurst oder Saumagen! Und: Haben Sie schon etwas von einem „Krebbennetz" gehört?

EINZELBEWERTUNG

Wein:

Speisen:

Ambiente:

Gesamtbewertung:

Glaser

Straußwirtschaft
Weingut Glaser

Friedhofstraße 1
67487 St. Martin
Telefon: 06323-2759

E-Mail:
info@weingut-glaser.de
Internet:
www.weingut-glaser.de

Öffnungszeiten:	Mitte April bis Anfang Mai, Ende August bis Anfang November. Dienstag/Mittwoch ab 18 Uhr. Donnerstag bis Montag ab 17 Uhr
Reservierung:	ja

DAS BESONDERE:
Selbstbedienung

Genuss am Leben auf Glasers Art

Sie haben eben ihren Charme, diese kleinen, unscheinbaren Straußwirtschaften. Glasers Variante zählt unbedingt dazu. Fast ist man zum Abdrehen gewillt, weil alles so klein erscheint. Doch bei näherem Betrachten offenbart sich im hinteren Teil ein Kleinod. Ein heimeliger Gastraum mit teils antiken Möbeln und sorgsam ausstaffiert mit vielen, uralten Accessoires: Pfaff-Nähmaschine, Wasserkessel und Waage. Ein Klavier darf hier natürlich nicht fehlen. Auch wenn das Speisenangebot sehr übersichtlich ist (Tipp: Wildschweinsalami), es ermöglicht eine genussvolle Korrespondenz mit Marcus Glasers Weinen. Der Winzermeister liebt den fruchtigen Ausbau in seinem umfangreichen Rebsortenspiegel. Einige Gewächse tragen Etikettennamen wie „FeinSinn", „StilArt" oder „Icke" – sie dokumentieren der Glasers Leitspruch: das Leben genießen!

EINZELBEWERTUNG

Wein:

Speisen:

Ambiente:

Gesamtbewertung:

Die Pfalz ist das zweitgrößte deutsche Weinanbaugebiet

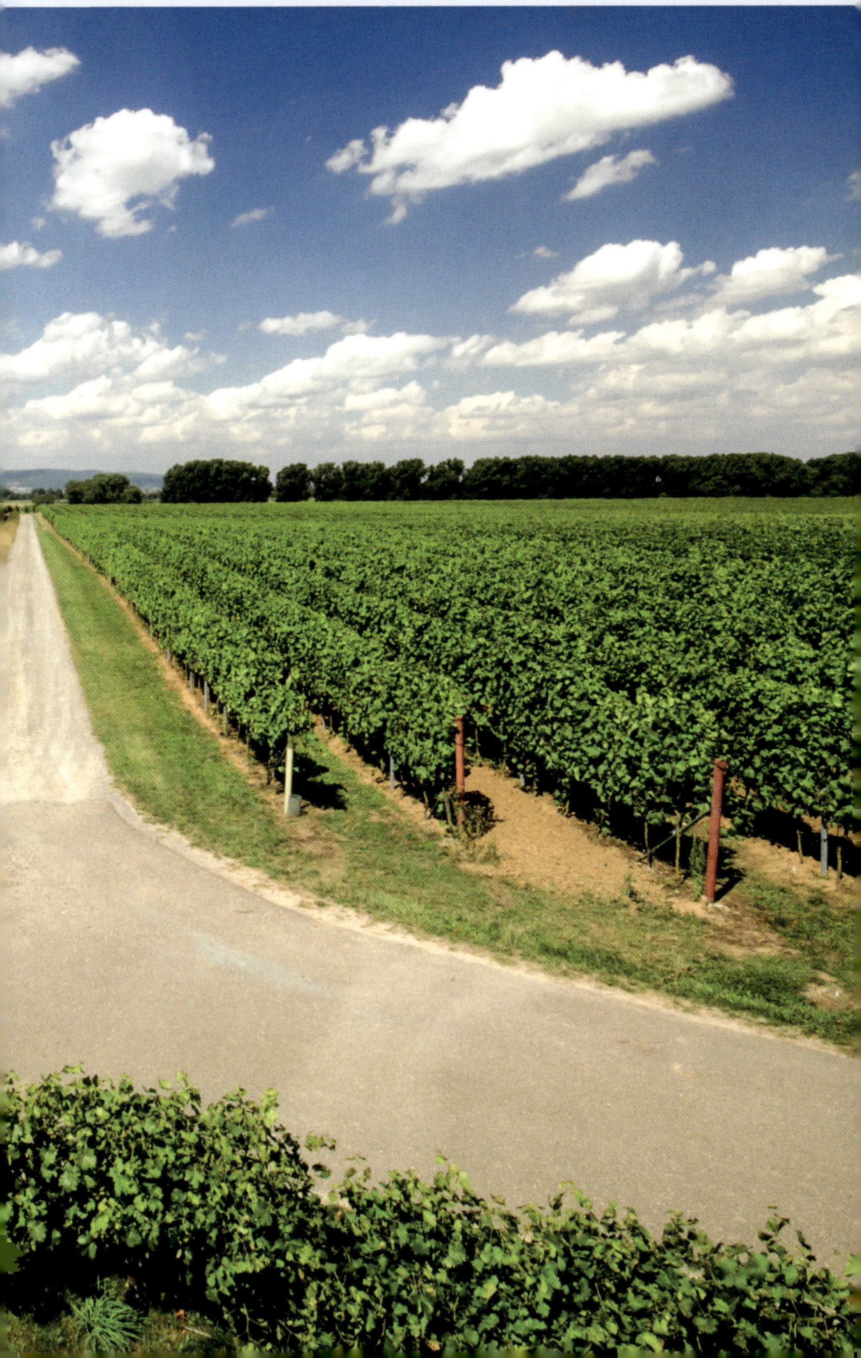

9. Pfälzer Spitzenwein

Die besten Erzeuger

Die Pfalz ist groß und ihre Spitze ist breit. Die Pfalz kann auf eine ungewöhnlich große Zahl von Spitzenerzeugern zählen, und bei den nationalen und internationalen Weinjournalisten gilt die Pfalz in vielen Weinjahren als eine „Bank". Da fällt es schwer, die führenden Betriebe herauszustellen, doch die nachgenannten Erzeuger bilden nach Überzeugung der Autoren die Elite der Pfalz, hinter denen es ein dichtes Feld weiterer, höchst ambitionierter Betriebe gibt.

Knipser

Hauptstraße 17 in Birkweiler
www.weingut-knipser.de

Ökonomierat Rebholz

Weinstraße 54 in Siebeldingen
www.oekonomierat-rebholz.de

Weingut Dr. Wehrheim
Weinstraße 8 in Birkweiler
www.weingut-wehrheim.de

Geheimer Rat Dr. von Bassermann-Jordan
Kirchgasse 10 in Deidesheim
www.bassermann-jordan.de

Dr. Bürklin-Wolf
Weinstraße 65 in Wachenheim
www.buerklin-wolf.de

Friedrich Becker
Hauptstraße 29 in Schweigen
www.friedrichbecker.de

Weingut Rings
Dürkheimer Hohl 21 in Freinsheim
www.weingut-rings.de

Reichsrat von Buhl
Weinstraße 18 in Deidesheim
www.reichsrat-von-buhl.de

A. Christmann
Peter-Koch-Straße 43 in Neustadt-Gimmeldingen
www.weingut-christmann.de

Weingut Faubel
Marktstraße 86 in Maikammer
www.weingut-faubel.de

Weingut Koehler-Ruprecht
Weinstraße 84 in Kallstadt
www.koehler-ruprecht.de

Weingut Kranz
Mörzheimer Straße in Ilbesheim
www.weingut-kranz.de

Philipp Kuhn
Großkarbacher Straße 20 in Laumersheim
www.weingut-philipp-kuhn.de

Müller-Catoir
Mandelring 25 in Neustadt-Haardt
www.mueller-catoir.de

Pfeffingen
Pfeffingen 2 in Bad Dürkheim
www.pfeffingen.de

Von Winning
Weinstraße 10 in Deidesheim
www.von-winning.de

Meßmer
Gaisbergstraße 5 in Burrweiler
www.weingut-messmer.de

Wilhelmshof
Queichstraße 1 in Siebeldingen
www.wilhelmshof.de

10. Der „Pälzer" an und für sich

Trotz mancher „Krischer" gelassen und unkompliziert

Der Spruch ist auf so mancher Postkarte zu finden: Hell unn piffig / uzig unn kniffig / kän Dag ohne Wertshaus / krakeelig bis dortnaus / iwwer alles räsonniere / bei jedem Wort dischbediere / unn dorschtig wie en Mälzer / des is a echter Pälzer. Und er soll den Charakter dieses Menschenschlages auf den Punkt bringen.

Helmut Kohl hat viel für die Bekanntheit der Pfalz, seiner Menschen, Ernährung und Lebensart geleistet – aber es haftete ihm lange auch das Image eines „Tölpels" auf der politischen Bühne an. Seit der deutschen Wiedervereinigung und seinen Verdiensten ist dieses Vorurteil weitgehend verschwunden. Aber über die pfälzische Sprache amüsieren sich viele Bundesdeutsche noch immer. Währenddessen scheint die Pfälzer Lebensart zum willkommenen Vorbild geworden zu sein.

Dr. Germann Jossé, Professor für Strategisches Controlling an der Hochschule Worms, ist Pfälzer aus Leidenschaft. Aufgewachsen in Speyer, groß geworden an der Weinstraße. In bislang drei Büchern („Pfälzer Sammelsurium" und „Rätselhafte Pfalz" – Band 1 und 2) hat er Besonderheiten dieses Landstriches und seiner Bewohner beschrieben. Und er hat den „WeinstraßenMeter" erfunden, der die 80 Kilometer zwischen dem nördlichen Weintor in Bockenheim und seinem Süd-Pendant

in Schweigen-Rechtenbach auf 200 Zentimetern mit ihren Ortschaften und Städten abbildet. Mit ihm sprach „Der Pfälzer Weinschmecker" über diesen Landstrich.

Was macht die Pfälzer aus Ihrer Sicht so liebenswert?
Sie können so herrlich unkompliziert und gelassen sein. Und sie identifizieren sich vollends mit ihrer Heimat. Die lieblichen Hänge der Haardt, die schmucken Dörfer der Weinstraße, das Knorrige der Rheinauen und die schlichte Schönheit des Westrich vereint der Pfälzer in seiner Natur.

Andererseits: Was stört Sie an den Pfälzern?
Sie stellen ihr Licht gerne unter den Scheffel, fast kleinlaut schauen sie zu Bayern, Sachsen oder Kölnern auf — und das, obwohl dieses kleine Volk so viel zu bieten hat! Gleichzeitig können sie ganz schön die Klappe aufreißen — Pälzer Krischer halt.

Worüber lässt es sich mit diesem Menschenschlag trefflich streiten? Was regt sie besonders auf?

Über Wein und die neuen Verordnungen aus Brüssel. Am Stammtisch oder beim vorletzten Trollschoppen gibt es aber generell kein Thema, über das sich nicht trefflich „dischbediere" ließe. Und fraglos haben der Winzer, der Wirt und jeder Gast erstens eine wohl begründete, sehr persönliche Sicht der Dinge und zweitens auch Lust, diese ausgiebig kundzutun.

Und immer ein Diskussionsthema: der FCK insgesamt und die Trainernominierungen, Spieleraufstellungen und Spiel-Ergebnisse im Besonderen.

Rheinhessen gelten als „Halbfranzosen" – sind dies auch die Pfälzer? Sprich: eher französisch oder bajuwarisch?
Moment! Obwohl Weißwürste, Dirndl und blau-weiße Tischdeko immer mehr in Mode kommen: Wir sind keine Bayern – auf Pfälzisch: keine „Zwockl"! Nie und nimmer! Zwar bestanden jahrhundertelang Beziehungen zu den Wittelsbachern, aber immerhin: die bayrische Linie starb mehrfach aus und ein Pfälzer erbte dann – und wurde auch erster bayrischer König. Also kam Bayern zur Pfalz. So viel Selbstbewusstsein muss sein!

Mit den Franzosen verhält es sich anders. Obwohl unter dem sogenannten Sonnenkönig die ganze Pfalz sinnlos zerstört – „Brulez le Palatinat!" – und schließlich von den Revolutionstruppen besetzt wurde, hat der Pfälzer vieles übernommen. Nicht nur viele Dialektausdrücke, sondern auch revolutionäre Ideen: die Ausrufung einer eigenen Republik, Hambacher Fest und so weiter.

Aber „Wagges", also Franzosen, sind die Pfälzer nicht. Sie liebäugeln nur ein bisschen mit der französischen Lebensart.

Worauf legt der Pfälzer beim Essen und Trinken wert?

Gut muss es sein, deftig und bodenständig. Nichts Über-
kandideltes, sondern ehrlich, heimisch, schmackhaft –
sowohl das Essen als auch der Wein. Am besten be-
kommt und genießt man das in einer der unzähligen
Pfälzer Wald-Hütten oder in einer Straußwirtschaft.

Was mag er überhaupt nicht?

Sich so richtig unterordnen. Der Pfälzer braucht eine
Hintertür, zumindest argumentatorisch. Wenn der FCK
in die 3. Liga absteigen würde, dann bräche für den Pfälzer ein Weltbild zusammen. Andererseits wird der
Schoppen danach bestimmt auch wieder schmecken.

**Wir haben in unseren Recherchen festgestellt, dass es
doch ein erhebliches Mentalitätsgefälle zwischen der
Nord- und der Südpfalz gibt. Teilen Sie diesen Eindruck?**

Na ja, vielleicht mehr zwischen Vorder- und Westpfalz
– der Ausdruck „Hinterpfalz" ist hier eher verpönt, weil
es zu sehr nach „hinterwälderisch" klingt. Der Pfälzer
zwischen Rhein und Haardt ist lauter – dem Westpfälzer
zu laut, zu forsch – und weiß alles und alles besser. Der
Westpfälzer ist bodenständiger, stiller, bescheidener,
vielleicht auch eine Spur zuverlässiger. Das Luftige des
Vorderpfälzers fehlt ihm etwas.

**„Zum Wohl. Die Pfalz." – ein guter Werbeslogan für die-
sen Landstrich? Oder reduziert er zu sehr auf das
Weintrinken?**

Ein Top-Slogan! Treffender kann man's kaum ausdrü-
cken. Es ist ja gerade nicht nur der Wein, sondern darüber hinaus die liebliche und abwechslungsreiche Land-

Dr. Germann Jossé: „Falls man eine Landschaft saufen kann – dann in der Pfalz, mit jedem Schluck!"

schaft sowie die unzähligen Möglichkeiten der Pfalz, die dem Gast zum Wohl gereichen. Die Pfalz ist einer der schönsten Landstriche der Erde – so viel Wahrheit muss sein!

Falls man eine Landschaft saufen kann – dann in der Pfalz, mit jedem Schluck.

Stellen Sie eine Veränderung in der pfälzischen Weinszene fest? Sind „junge Wilde" wirklich im Kommen? Oder tickt der Pfälzer Weintrinker doch eher traditionell?
Wie so oft: beides stimmt. Hier die Tradition, dort die Innovation. Und oft genug gehen beide Hand in Hand, finden sich in einer Symbiose, die modernen Geschmack mit handwerklichem Können paart. Die Qualität jedenfalls gewinnt dabei. Ob es ein Pfälzer Riesling ist oder zum Beispiel eine Burgunderrebe – sie schmecken einfach, oft vorzüglich.

Wenn Köche aus Barcelona oder Hoteliers aus Frankreich vermehrt in der Pfalz einkaufen, dann erfährt der hiesige Wein auch internationale Anerkennung. Dass er aber gut ist, dies wussten wir Pfälzer schon immer.

Wie fällt Ihre Idealbeschreibung für die Pfalz in wenigen Sätzen aus?

Landschaft und Menschen sind liebenswert, ein herrlicher Flecken auf Gottes Erde, gesegnet mit allem, was der Mensch zum irdischen Glück braucht. Und abseits der Feste und Touristenströme viel Ruhe und unberührte Natur. Hier lässt es sich leben!

Pfälzer Esel • Nein, Pfälzer sind in der Regel keine Esel. Im südpfälzischen Eschbach jedoch müssen die Einwohner mit dem "Kosenamen" leben. Nicht wegen deren Eigenwilligkeit, sondern weil sie Untertanen des früheren Madenburg-Adels "derer mit dem Esel" (im Wappen) waren. Esel halfen allerdings bei einer Naturkatastrophe im August 1849. Auch die Erinnerung daran halten heute unzählige, mit künstlerischem Geschick gestaltete Esel wach.

11. Der Saumagen

Nicht nur Helmut Kohl sei Dank

Frankreichs Ex-Staatspräsident François Mitterrand soll ihn nur nach diesem Hinweis von Helmut Kohl gegessen haben: „Isst Du ihn nicht, erhältst Du das Saarland samt Oskar Lafontaine zurück!" Auch Magaret Thatcher, Michail Gorbatschow und George Busch mussten ihn verkosten – ob mit ähnlichen Drohungen, ist leider nicht überliefert. Und wenn vom Altkanzler als Saumagen-Fan und -„Exportartikler" die Rede ist, dürfen zwei weitere Namen nicht fehlen. Der eine ist Sternekoch Manfred Schwarz, der andere Saumagen-Spezialist Klaus Hambel. Seine kleine, aber feine Metzgerei in Wachenheims Hintergasse 1 ist so etwas wie das „Saumagen-Mekka" der Pfalz und der Welt sowieso. „Der Pfälzer Weinschmecker" sprach mit dem renommierten, aber bodenständig gebliebenen „König des Saumagens":

Wer als Kind, Jugendlicher oder junger Erwachsener „Saumagen" hört, empfindet nicht unbedingt spontan kulinarische Begeisterung – bisweilen währt die Abneigung ein ganzes Leben lang. Wann haben Sie Ihre Leidenschaft für dieses Pfälzer Original nicht mehr verbergen können?

Natürlich kommt ein Pfälzer früher oder später mit diesem Produkt in Berührung. Ich weiß aber nicht mehr, wann ich das erste Mal Saumagen mit Sauerkraut und Kartoffelstampf gegessen habe. Definitiv stellen wir seit 1987 Saumagen her. Vorher konzentrierten wir uns auf Hausmacher Wurst und Leberknödel.

Und was war die Initialzündung zur Saumagen-Herstellung?

Der bekannte „Deidesheimer Hof" schloss Mitte der 1980er Jahre seine Metzgerei. Seitens der unverändert fortgeführten Gastronomie wurde jetzt an uns die Bitte herangetragen, sie mit Leberknödeln zu bedienen. Schließlich fand auch unser Saumagen Interesse. Mein Vater brachte seine Saumagen-Kenntnisse ein.

Was hat einen früheren weltweiten Bekanntheitsgrad aus Ihrer Sicht verhindert?

Gute Frage – aber ich möchte sie lieber umkehren: Wer hat dem Saumagen aus der Pfalz wirklich zur Popularität verholfen?

Sie haben sicherlich Helmut Kohl im Sinn! Teilen Sie die Auffassung, dass der Saumagen ohne seine Leidenschaft niemals Weltruf erlangt hätte?

Ja – Helmut Kohl und Manfred Schwarz (von 1989 bis 2003 Sterne-Chefkoch im Deidesheimer Hof; die Red.)! Kohl ist mit den Besitzern, der Familie Hahn, seit Jahrzehnten befreundet, aß seit jeher gerne im Deidesheimer Hof und brachte schließlich Staatsgäste mit, die immer auch Saumagen vorgesetzt bekamen. Natürlich hatte Schwarz hochwertige Variationen kreiert, beispielsweise mit Gänsestopfleber oder Trüffeln gefüllter Saumagen. Wir lieferten ihn zu dieser Zeit als Naturmagen, sprich: zu 80 Prozent mit Zutaten gefüllten Schweinemagen – heute werden unsere eigenen Variationen abgenommen.

„Saumagen ist ein hochwertiges, sauberes Produkt!" Sauma-gen-Experte Klaus Hambel, Wachenheim.

Das Hambel-Rezept werden Sie en détail wohl nicht ver-raten – oder? Aber wenn Sie Ihren Saumagen bewerben müssten, wie würden Sie ihn beschreiben?

Als hochwertiges, mageres Produkt. Wir verwenden dafür nur Schweinefleisch aus der Keule, insbesondere ein Teil daraus: die Nuss, auch Kugel genannt. Dieses Fleisch ist etwas dunkler. Bei den Kartoffeln verwenden wir die Sorte Quarta, eine der sehr beliebten deutschen Speisekartoffel. Auch bei den stets frischgemahlenen Gewürzen gibt es eine Besonderheit: Thüringer Majoran, angebaut rund um Aschersleben. Bereits zu DDR-Zeiten war er ein Devisenbringer; die Bürger in Ostdeutschland mussten sich in der Regel mit ungarischem Majoran begnügen.

Und Ihr Sortiment umfasst mittlerweile wieviele Varia-tionen?

Anno 2016 standardmäßig acht Saumagenvariationen. Klasssich mit Maronen. Grünem Spargel. Grünem Pfeffer. Fetakäse. Pfifferlingen und Speck. Feigen in Portwein. Mit Kalbfleisch und Sommertrüffel. Nur an Weihnachten mit Äpfeln, Pflaumen und Stroh-Rum. Für verschiedene Restaurants und Hotels stellen wir auch Sonderfüllungen her. Und unser schwäbischer Koch in „Hambels Restaurant", Thomas Siegler, offeriert unseren Saumagen auch gerne in Maultaschen, wobei die Füllung zweimal durch den Fleischwolf gedreht wird.

Wieviele Mengen an Saumagen produzieren Sie?

Dies ist von der Jahreszeit abhängig – im Sommer wird Saumagen weniger, im Herbst und Winter mehr gegessen. Im September und Oktober stellen wir wöchentlich 1,3 bis 1,4 Tonnen Saumagen her, im restlichen Jahresverlauf sind es 600 bis 800 Kilogramm pro Woche. Die konfektionierten Produkte werden bundesweit ausgeliefert, sind aber auch schon bei den Vereinten Nationen in New York und einem Weltwirtschaftsgipfel serviert worden.

In welcher Form genießen die Pfälzer aus Ihrer Beobachtung heraus den Saumagen am liebsten?

Klassisch, mit Schweinefleisch und Kartoffeln.

Gibt es Unterschiede zwischen den Saumagen in den einzelnen pfälzischen Regionen?

Kann ich nicht erkennen – höchstens in den einzelnen Metzgereien. Aber auch hier gibt es allgemein gültige Rahmenbedingungen: Bis 40 Prozent der Füllmenge darf aus Kartoffeln bestehen. Beim Fleisch muss es Schweinebauch oder Schweinekeule sein. Der Fettanteil darf bei maximal 35 Prozent liegen.

Und was ist aus Ihrer Sicht die beste Zubereitung?

Eine dicke Brot- und kalte Saumagenscheibe schmeckt definitiv nicht. Hier wäre das Carpaccio eine prima Alternative, sprich: dünne Scheiben. Ansonsten heiß machen, wenn man die Gewürze schmecken will, oder anbraten, wer die Röstaromen favorisiert.

Mit welchen Saumagen-Trends darf der Verbraucher in den nächsten Jahren noch rechnen?

Ich kann mir in Zukunft eine muslimische Variante mit Kalbfleisch sowie mit Hühnerfleisch oder Ente gefüllte Saumagen vorstellen. Fisch wäre eine weitere Alternative – wir essen ja auch schon Fisch mit Blutwurst.

Weitere empfohlene Saumagen-„Experten":
- Bad Bergzabern, Metzgerei Kiefer
- Hettenleidelheim, Metzgerei Noll
- Ilbesheim, Metzgerei Rainer Ott
- Kallstadt, „Saumagenparadies", Metzgerei Appel
- St. Martin, Metzgerei Schreieck
- Weisenheim am Sand (mit weiteren Filialen), Metzgerei
  Süss

12. Anruf ratsam

Ein leidiges Thema: die Öffnungszeiten

Auch wenn die Qualität des Weines und der Speisen der in diesem Führer empfohlenen Betriebe verlässlich ist, ihre Öffnungszeiten sind es nicht. Das kann viele Ursachen haben: Die Weinernte mag besonders mager ausgefallen sein, Familienmitglieder als unerlässliche Helfer in Küche und Schankraum stehen aus vielerlei Gründen gerade nicht zur Verfügung, Großereignisse wie Fußball-Weltmeisterschaften oder Olympische Spiele lassen eine Verschiebung der Öffnungszeiten ratsam erscheinen, die Gewohnheiten der Gäste haben sich geändert...

Die Gründe für eine Veränderung der ursprünglich beabsichtigten Öffnungszeiten sind vielfältig und tragen zum Charme der Amateurgastronomie „Straußwirtschaft" bei. Die in diesem Führer genannten Öffnungszeiten sind deshalb mit Vorsicht zu genießen, auch wenn sie in der Regel auf aktuellen Angaben der Betriebe unmittelbar vor der Drucklegung dieser Ausgabe beruhen.

Weil viele Straußwirtschaften und Gutsschänken gerade auch unter den Einheimischen äußerst beliebt sind, empfiehlt sich wegen der bisweilen weiten Anreise ein kurzer Anruf, um zwei entscheidende Fragen zu klären:

1) Haben Sie heute geöffnet?
2) Haben Sie noch ein Plätzchen frei?

Wenn die Schänke Tischreservierungen möglich macht, dann zögern Sie nicht. Natürlich wird allen Neuankömmlingen soweit möglich gerne Platz eingeräumt, denn Geselligkeit und Gespräche sind neben Speis und Trank die Hauptantriebsfedern für den Besuch einer Straußwirtschaft. Da wird eng zusammengerückt, was die Gemütlichkeit ebenso steigen lässt wie den Geräuschpegel, doch irgendwann ist die Kapazität jeder Straußwirtschaft oder Gutsschänke erschöpft. Die langjährige Erfahrung hat indes gezeigt, dass Spontanbesuche kurz vor 19 Uhr häufig chancenreich sind, weil dann die ersten frühen Zecher, die schon am späten Nachmittag die ersten Schoppen genossen haben, schon wieder aufbrechen, und die „zweite Schicht" noch nicht vollständig eingetroffen ist. In jedem Fall bietet dieser Führer genügend Ausweichmöglichkeiten, wenn doch einmal alle Stühle besetzt sind und der Wirt bedauernd mit den Achseln zuckt.

13. Like & follow

Der Weinschmecker online

Berichten Sie Ihre eigenen Erlebnisse und Erfahrungen
direkt dem Pfälzer Weinschmecker
info@pfaelzer-weinschmecker.de

Weinschmecker-Hinweise finden Sie bei
www.twitter.com regelmäßig unter
@RWeinschmecker oder
Hermann-Josef.Berg@Weinschmecker

Verfolgen Sie Tipps, Verkostungen und Proben des
Weinschmeckers regelmäßig bei
www.facebook.com
/rheingauer.weinschmecker
/DerRheinhessischeWeinschmecker
/DerPfaelzerWeinschmecker

Und noch ein Appell an den geneigten Leser

Auswahl und Neubewertung aller Betriebe sind nach sorgfältiger Prüfung erfolgt. Diese Momentaufnahme beruht vorwiegend auf der Verkostung der Jahrgänge 2015 (in einigen Fällen noch des Jahrgangs 2014), der Tagesform der Küche und des Servicepersonals. Dies kann dazu führen, dass die Einschätzung des Lesers nach einem Besuch von der des Autors signifikant abweicht. Die Verfasser nehmen solche Abweichungen – bei entsprechender Benachrichtigung (siehe oben) – zum Anlass einer verlässlichen Nachprüfung. Der Weinschmecker wird zudem jedem Hinweis auf einen neuen „Geheimtipp" sorgfältig nachgehen, um seine Auswahl gegebenenfalls zu korrigieren. Anregungen und Hinweise bitte direkt an die Autoren

Hermann-Josef Berg & Oliver Bock
info@pfaelzer-weinschmecker.de

oder an den
Societäts-Verlag
„Der Pfälzer Weinschmecker"
Frankenallee 71-81
60327 Frankfurt am Main
www.societaetsverlag.de

14. Übersicht

Die ausgewählten Betriebe und ihre Bewertungen

Schänke, Ort	Seite	Wein
Annahof, Weisenheim am Berg	S. 46	★ ★
Bauer's Stuben, Venningen	S. 86	★ ★
Benzinger, Kichheim	S. 44	★ ★ ★
Bockenheimer Weinstube, Bockenheim	S. 30	★ ★
Brunnenstube, Edesheim	S. 80	★ ★
Bühler, Kallstadt	S. 38	★ ★ ★
Das Esszimmer, Burrweiler	S. 78	★ ★ ★ ★
Dicker-Doll, Birkweiler	S. 72	★ ★
Fleischmann-Krieger, Rhodt	S. 104	★ ★ ★
Fritz Walter, Niederhorbach	S. 100	★ ★
Fumi, Deidesheim	S. 52	★ ★ ★
Gernert, St. Martin	S. 110	★ ★
Glaser, St. Martin	S. 112	★ ★
Hönigsäckel, Bad-Dürkheim-Ungstein	S. 50	★
Hofgut Ruppertsberg, Ruppertsberg	S. 66	★ ★ ★ ★
Johanneshof, Siebeldingen	S. 108	★
Kern, Böchingen	S. 74	★ ★
Knipsers Halbstück, Bissersheim	S. 28	★ ★ ★ ★
Kutscherhaus, Gimmeldingen	S. 62	★ ★ ★
Leiling, Schweigen	S. 106	★ ★ ★

Speisen	Ambiente	Gesamt	Extra
★★★	★★★	★★	👥
★★★	★★★★	★★★	
★★★★	★★★★	★★★	
★★★	★★★	★★	👥
★★	★★★	★★	
★★★	★★★	★★★	👥 👁
★★★★	★★★★	★★★★	
★★	★★	★★	👥
★★★	★★★★	★★★	
★★★	★★★	★★	
★★★★	★★★★	★★★	
★★	★★★	★★	
★	★★★	★★	
★★	★★★	★	
★★★★	★★★★	★★★★	👥 👁
★★	★★★	★	👥 👁
★★	★	★★	
★★★★	★★★★	★★★★	
★★★	★★★	★★★	
★★★	★★★★	★★★	👥

Schänke, Ort	Seite	Wein
Leopold, Deidesheim	S. 56	★ ★ ★ ★
Musikantenbuckel, Freinsheim	S. 32	★ ★
Mühlhäuser, Niederhorbach	S. 102	★
Petri, Herxheim am Berg	S. 64	★ ★
Schunck, Leinsweiler	S. 96	★ ★ ★
Siben's Gutsküche, Deidesheim	S. 54	★ ★ ★
Spindler, Forst	S. 60	★ ★ ★
St. Annagut, Burrweiler	S. 76	★ ★ ★ ★
Vogler, Heuchelheim-Klingen	S. 84	★ ★
Weinbar Dietrich, Großkarlbach	S. 36	★ ★
Weinbar Müller, Frankweiler	S. 82	★
Weingut am Nil, Kallstadt	S. 40	★ ★ ★
Weinlaube, Kirrweiler	S. 88	★ ★
Weinnest, Landau-Wollmesheim	S. 94	★ ★ ★
Weinreich, Freinsheim	S. 34	★ ★ ★ ★
Weisenborn, Kallstadt	S. 42	★
Wineroute 66, Klingenmünster	S. 92	★ ★
Zöller, Kirrweiler	S. 90	★
Zum Alten Spital, Deidesheim	S. 58	★ ★ ★
Zum Kirchhölzel, Leinsweiler	S. 98	★ ★

Speisen	Ambiente	Gesamt	Extra
★★★★	★★★★	★★★★	
★★	★★★	★★	👥 👁
★★	★★★	★	
★★	★★	★★	👥
★★★★	★★★★	★★★	
★★★	★★★	★★★	
★★★	★★★	★★★	
★★★★	★★★★	★★★★	👥 👁
★★	★	★★	
★★	★★★	★★	👥 👁
★	★★	★	👥 👁
★★★★	★★★★	★★★	
★★	★★	★★	
★★★	★★★	★★★	👥 👁
★★★★	★★★★	★★★★	
★★	★	★	
★★★	★★★	★★	
★★	★	★	
★★	★★★	★★	
★★	★★★	★★	

Die Autoren

Hermann-Josef Berg

Der gebürtige Mainzer (Jahrgang 1957) ist passionierter Weinliebhaber und liebt den halbfranzösischen Lebensstil. Schon als Jugendlicher begleitete er seine Eltern in die Straußwirtschaften und Gutsschänken des Rheingaus. Seitdem wandelt er auf nationalen und internationalen Weinpfaden. Ebenso wie Oliver Bock gehört er der (Rheingauer) Weinloge „Kranenmeister von Oestrich-Winkel" an. Hermann-Josef Berg ist ferner Mitglied der Vereinigung deutschsprachiger Weinpublizisten (Weinfeder e. V.). – für deren „Weinfeder-Journal" sucht er stets „neue, gute Themen". Als Volontär und Redakteur der Wirtschaftsnachrichtenagentur vwd widmete er sich erstmals dem journalistischen Handwerk. Nach Tätigkeiten im Kommunikationsbereich von Boehringer Ingelheim und Schott in Mainz machte sich Hermann-Josef Berg im Oktober 1992 selbstständig. Als freier Wirtschaftsjournalist schrieb und arbeitete er nicht nur für Medien wie Financial Times Deutschland, Mainzer Allgemeine Zeitung, Südwestrundfunk und das Privatradio RPR. Hermann-Josef Berg erbringt auch Dienstleistungen (in Fragen der Unternehmenskommunikation) für Kunden im Weinbereich.

Oliver Bock

Wuchs in Pforzheim in direkter Nachbarschaft der badischen und württembergischen Weinlande auf. Nach dem Studium der Politikwissenschaft in Bamberg und in Cambridge und nach Stationen bei drei großen deutschen Regionalzeitungen trat der Diplom-Politologe in die Rhein-Main-Redaktion der Frankfurter Allgemeinen Zeitung ein. Seit zwei Jahrzehnten berichtet er als Korrespondent für die FAZ aus dem Rheingau und beobachtet unter anderem den Weinbau, die Land- und Forstwirtschaft sowie den Naturschutz in Hessen. Oliver Bock ist Rheingauer aus Leidenschaft und Autor mehrerer, im Societäts-Verlag erschienener Porträts deutscher Weinregionen und Weinführer. Ausgezeichnet unter anderem mit dem Medienpreis des Deutschen Weininstituts und der Deutschen Prädikatsweingüter (VDP). Gelegentlich Mitglied nationaler und internationaler Verkostungs-Jurys sowie seit 2005 Organisator der bundesweit einzigartigen Rheingauer Schoppen-Trophy.

Bildnachweis

S. 9: © ChiccoDodiFC - Fotolia.com

S. 11: © Zerbor - Fotolia.com

S. 12, 20, 24 (unten), 30, 32, 36, 38, 42, 44, 46, 52, 54, 58, 62, 72, 74, 80, 82, 84, 96, 100, 102, 112, 124, 131: © Hermann-Josef Berg

S. 18: © pb press - Fotolia.com

S. 22: © travelpeter - Fotolia.com

S. 68: © foto50 - Fotolia.com

S. 114: © doris oberfrank-list - Fotolia.com

S. 116: © Jacob Lund - Fotolia.com

S. 120, 123: © Prof. Germann Jossé

S. 127, 129: © Metzgerei Hambel

S. 141: © Erwin John

Alle anderen Fotos stammen von den Weingütern selbst.